オーラが見えるようになって運をコントロールする方法

島袋政治
Masaharu Shimabukuro

VOICE

あなたのそばに、いつもごきげんで、自分のやりたいことをやっていて、
一緒にいると元気になる！　そう感じる人はいませんか？
もしかしたらその人は、輝く「あるもの」を持っているのかもしれません。
「あるもの」は、お金で買うことはできませんが、誰でも増やして、輝かせることができます。

その「あるもの」とは一体、なんでしょう？

自分らしく魅力的に輝いて、幸せな人のひみつ。
それは、「オーラ」です。

オーラ。
それは、私たちが発散している生命エネルギーのようなもの。
仏様やキリストの絵を見たことがありますか？
彼らが背負う後光はオーラの代表的な姿です。
ただ、神様レベルの人だけがオーラを放っているわけではありません。
あなたも、動物も、土地や建物も、オーラを放ち、包まれています。

オーラの色と数は、刻々と変化していて、それぞれに意味があります。

うれしいとき、穏やかなとき、安心しているとき、オーラは黄色になります。

恋をしているとき、愛されているとき、オーラはピンクになります。

クリエイティブになっているとき、リラックスしているとき、オーラは緑色になります。

真面目に勉強に打ち込んでいるとき、オーラは青色になります。

悲しいとき、不安や心配でいっぱいなとき、オーラは紫色になります。

体調が優れないとき、病気をしているとき、オーラは白色になります。

大きな危機が迫っているとき、オーラは黒色になります。

あなたのそばにいる、いつもごきげんなステキな人は、
きっと輝くばかりの黄色いオーラをしているはずです。

そう、ハッピーになるには、オーラを黄色に輝かせる。
ただそれだけ。意外に簡単なんです。

黄色のオーラを放つには、
明るく、前向きに、素直な心で
人生を楽しんでいくことがとっても大切になってきます。

「いろいろあって、毎日たいへんなの！　愚痴らずにいられないわ」
そんな声が聞こえてきそうです。
では、質問です。あなたの本当の望みはなんですか？

自分のしたいことをして、穏やかに、豊かに、愛する人とともに、
安心安全の中を暮らすことですか？

好きな仕事をして、世界中の人に喜ばれて、充実した時間を過ごすことでしょうか？

愚痴ったり、イライラばかりの毎日より、ハッピーで平和な毎日がいい。
誰もがそう思うでしょう。

そう思うのだったら、毎日自分のオーラを見て、
自分の人生をよき方向へと変えていきませんか？

毎日自分のオーラをチェックして、強く、大きな黄金の光を輝かせましょう。
まばゆい光のような黄金のオーラを放射するほどに、
あなたは幸せで、なりたい自分になって人生を謳歌《おうか》していけます。

オーラは特別な人だけが見ることができるものではありません。

昔の人は、みんな見えていたものなのです。

現代人の私たちはちょっと、その感覚が閉じているだけです。


最初は肉体の輪郭の外側に、フワフワとした雲のようなものが見えるようになってきます。

やがてカラフルな色がついたセロハンのように見えるようになります。

何度も繰り返していくうちに、周りの人のオーラも見ることができるようになるでしょう。

さあ、いっしょに、オーラの扉をもう一度、開きましょう。

はじめに

運勢にはオーラが深く関係している

世間一般的にオーラというと、スピリチュアルな能力がある特別な人だけが見ることができる不思議なものと捉えている方が多いのではないでしょうか。

しかし私がこれから紹介するオーラは、あなたにとって、たいへん身近なものです。霊的な存在を捉えるようなパワーはまったく必要ありません。

というのも私自身、そもそも不思議なエネルギーをキャッチするようなタイプではありませんでした。私は、沖縄で建築事務所などを経営しながら琉球風水や四柱推命などの占術の学びを深め、オリジナルの鑑定法「ナチュラルネイチャー」を確立しました。30代に入って個人鑑定をはじめ、これまで約5万人の方を鑑定させていただきましたが、オーラがはっきり見えるようになったのは40歳を超えてからなのです。

日々鑑定をしていると、じつにさまざまな境遇の方にお会いします。多くの方を見て思うのは、基本的に人は、生年月日が導く運勢の流れに従って生きているということ。ただ、生年月日の示す運勢とは異なる人生を歩んでいる人もかなりいらっしゃるのも事実です。

すばらしい生年月日なのに、家庭や健康に恵まれず苦労されている方もいれば、生年月日からすると苦難を抱えておかしくない人生なのに事業で成功し、家庭も円満。盤石の地位を築いている人もいます。

あなたも、もしかしたら同じ生年月日の芸能人や知人がいて、良くも悪くも「どうしてこんなに違うのかな?」と思った経験があるかもしれません。

ある経営者の夫婦を鑑定したときのことです。ご夫婦それぞれがビジネスをしていて、いずれも順調でした。夫婦仲も、健康面も良好で、周りから見ても順風満帆の恵まれたご夫妻といった印象です。生年月日から見る運勢もよく、夫婦それぞれのこれからの方向性などをアドバイスさせていただいたのですが、鑑定の最後に夫人がとっても気になっていることがある、と不安な顔で質問されました。

「私の生年月日、1961年7月22日は、ある犯罪者の女性と同じなんです。和歌山で起きた〝カレー毒物混入事件〟の林真須美死刑囚です。私もいずれ罪を犯すようなことをするのかなと心配です」と。

「そんなことはない。安心してください」。私は即座にそう返しました。しかし、本心では考えさせられました。かくいう私自身も、まったく同じ生年月日だったからです。

林真須美死刑囚、鑑定した夫人、そして私。この3人は生年月日が同じながら、それぞれまったく違う人生を送っている。1961年7月22日という生年月日だけをみたら、強運とも言える運勢です。

やはり生年月日だけで運勢は決まらない。では何が影響しているか。その正体こそが人の運勢に大きく関わっているのでは…。私はそこに、本書のテーマであるオーラが深く関係していることに気づいていったのです。

オーラは、その人の放つエネルギー

オーラとは、一言で言うならば、あなたが発するエネルギー、「気」というものです。

元気いっぱいで活動的なエネルギッシュな人と接すると、その影響で自分もポジティブな気分になった経験が誰しも一度や二度はあるでしょう。私たち人間は、目には見えなくてもエネルギーを放ったり、その影響を受けていたりするのです。

では、私がどのようにオーラが見えるようになったのか。それは鑑定をはじめて数年後、30代後半のことでした。相談者さんたちの背後に、白っぽいモヤモヤが、少しずつ見え始めたのです。

最初は、目の錯覚かな、と思いました。でも、どの人の後ろにも見えます。

これは一体何か？　気にはなりましたが、元来、楽天家の私は、「最近ちょっと目が疲れているのかな、もしくは霊的な現象か何かだろう」と、いずれにしてもさほど重要視しませんでした。

それがだんだんと、うっすら色までついて見えてきたのです。しかし、占い鑑定を生業にしている仲間に訊いても、そんなのは見えない、と。そう言われて、ますますこれは何だろう。何か意味があるのでは、と気になりだしました。


それから相談者さんの背後のモヤモヤを、よくよく観察するようになりました。すると、一定の法則があることに気づいたのです。


楽しそうで、人生がうまくいっている人には、黄色のモヤモヤが見える。

どん底まで落ち込んでいる。なおかつ、考え方がひねくれていたり、自分よがりだったり、ハッキリ言ってしまうと、歪んだ性格の人は黒色のモヤモヤが見える。

両者は、その後の様子も違いました。

黄色のモヤモヤの人は、うれしいことがあるなど、総じてよい状態が続きます。

黒色のモヤモヤの人は、あいにく状況がさらに悪化していくのです。

ただし、黄色のモヤモヤだけが見える人は、ほぼいません。相談者さんのほとんどが、紫色、ピンク色、青色、緑色、白色…。それらがいくつか混ざって見えました。

その色つきセロハンのようなモヤモヤをしょっちゅう見つめているうちに、これはその人自身が放つエネルギー体、オーラではないかと思うようになったのです。

そして、本やネットなどで調べていくうちに、やはりそれはオーラであると、確信しました。

繁栄している人は、黄色のオーラの家に住んでいる

しばらくすると、散歩の途中で、建物にも色がついて見えるようになりました。

最初は太陽光線の具合かな？　と思いましたが、それは風水でよくいわれる「気」であり、オーラと風水の「気」は同じだと直感したのです。

黄色のオーラの家に住む人は、家庭も事業も繁栄していました。白いオーラの家に住む人は、病気がちな家族がいました。こんなふうに、家のオーラが住まう人に影響を与えていることを知ったのです。

オーラを持つものは、人間や動物など命あるものや、家や土地だけではありません。モノにも持ち主やつくった人のエネルギーが宿っていて、オーラを発していることがわかるようにもなりました。

私自身の目に映るオーラに関して研究を重ね、色の種類、色の意味、色の濃淡、色の表れ方など、あらゆるデータを集め、読み解くことができるようになると、私自身の鑑定の精度も上がっていったように感じています。

オーラは誰しもが見える本能的な能力

なぜ私が突然オーラが見えるようになったか。オーラが見え始めた30代後半は、占い鑑定を日々夢中で頑張っていたので、そこで毎日人を見ることで感性が磨かれ、眠っていた能力が再び目を覚ましたのではないかと自分では考えています。

とはいえ、安心してください。あなたが鑑定を生業としていなくても、オーラを見る感性を磨いたり、潜在能力を開花させたりすることはできます。なぜならオーラを見る能力は、本来人間に備わっているものだからです。後ほど説明しますが、太古の人びとは皆、誰もがオーラを自然に見ていました。ですから、感性を研ぎ澄ますことや、いくつかのトレーニングをすることで、誰もができるようになります。

ひとつ、オーラが見えるようになるコツを申し上げるとすれば、「見えるわけがない」と否定したり、「オーラなんて本当はないんじゃない？」と怪しんだりしないこと。これは何より大切です。「オーラは存在する」「私は見えるようになる」。そのあなたの純粋な思いが、あなたの目にオーラを映すようになるのです。

Contents

1章 オーラの正体と色の意味

2章　オーラと願望成就

3章 オーラのしくみ

4章 オーラを見るための準備エクササイズ

5章 実践！ オーラを見よう

6章 オーラが見えないあなたへ

7章 オーラを使って願いを叶える方法

1章

オーラの正体と色の意味

オーラはあなたの心を映す鏡

具体的にオーラとはどんなものか、説明していきましょう。

オーラは、その人が発するエネルギーだとお伝えしました。では、そのエネルギーはどこから放たれるか。それは、あなたの「思考」、思いからです。

オーラには色があると聞いたことがある方は多いでしょう。

通常オーラは虹のようにうっすらと輝いていて、その人の一時の心の状態を鏡のごとく映しています。

オーラには基本の8色のカラーがあります。それらが、どんなふうに出ているか、その光り具合や、大きさ、色の濃度などから、その人の健康や精神の状態がわかるのです。

「オーラ診断」と呼ばれるようなテストや占いを受けて、「あなたのオーラは○○色ですね」と、言われたことがある方もいるかもしれません。しかし私の経験から言うと、人は生まれつき固有の色のオーラを持つということはありません。ずっと同じことを考えていて、その色があたかもその人の性質のように見えると考えれば、そう捉えることができるかもしれませんが、私があらゆる人のオーラを見た経験から言えば、オーラの色は、その人の思考によって一刻一刻変化しています。

いわゆる成功者と言われる方、とくに長きに亘り、心と体が安定し繁栄している人は、光のようにまぶしい黄色のオーラをしています。しかし、黄色一色という方は非常に稀です。

何をもって成功というかは、人によって価値観が違うものですが、たとえば、一生お金に不自由することがないような人でも、その陰で家庭が崩壊しており、心が慢性的に空虚で、本人が幸福だと感じていなければ、黄色のオーラもありつつ、愛情のもつれを感じさせる紫がかったピンク色のオーラが強く出ていたりします。つまり、オーラは、何色かあり、その割合は常に変化している。それが通常です。反対に言えば、人のオーラが見えるということは、「相手の考え方や、本音がわかる」とも言えて、他者を客観的に見ることにも役立ちます。

残忍な事件が報道されると、その犯人を知る人が「そんなひどいことをする人にはとても見えない」「人当たりがソフトで、挨拶もちゃんとできる人」などと言うことがありますが、その犯人のオーラは、真っ黒であることがテレビの画面越しからもわかるようにもなるのです。

自分はどんな色のオーラをしているか。まだオーラは見えないとしても、まずは、自分の感情と色の傾向を照らし合わせて、探ってみるのも面白いでしょう。次のページからチェックしてみてください。

8色のオーラの解説

赤色 *Red*

［キーワード］熱意、チャレンジ精神、活気

赤色のオーラは、何事にもまっすぐ向かっていく純粋性を表します。裏表がなくピュアな心の状態は、まるであかちゃんのようです。

パワー全開で、心の赴くままに振る舞いますが、そこに悪意はみじんもないので、敵をつくりません。めげることなく少々嫌なことがあってもすぐに立ち直って前を向きます。

チャレンジ精神があり、困難があっても立ち向かう勇気があります。一緒にいると周りの人も活動的になってきます。

自分を信じて目標に向かっているとき、まっすぐで揺るがない強い意志を持って行動しているとき、好奇心にあふれ、明るく前向きでエネルギッシュなときにも表れる色です。

ピンク色

Pink

［キーワード］愛情、恋愛、ときめき

ピンク色のオーラは、愛情を表す色です。自分自身が愛に満ち溢れ、誰かに対してとても愛情が高まっているときに表れます。

恋に悩むと紫色が混ざってきますが、明るい桃色は、純粋に誰かを愛する喜びを感じているとき、愛されている実感が強いときにも出る色です。

ラブラブの仲のいいカップルや、純粋にアイドルに恋して応援しているような人たちも、桜色のようにきれいなピンク色を放っていたりします。

パートナーを引き寄せる色であり、恋愛をしたい人や結婚したい人は、ピンク色のオーラを放つことで出会いを呼び込むことができます。

黄色

Yellow

［キーワード］楽観的、調和、金運・財運

黄色のオーラは、すべてがうまくいく最強の色。誰にとっても理想のオーラの色です。

黄色のオーラを放ち続けることが、すべてにおいて調和的なよい運気の流れにいる証になります。

基本的にポジティブで、明るく、よく笑う人に表れます。迷いがなく、根拠がなくても「自分は何をやっても成功できる」と、自分を信じることができるときにも表れやすい色です。黄色のオーラの持ち主は、心の強さがあり、落ち込んでも寝たら忘れて引きずらず、失敗は成功の元と捉えて、成長の糧にできます。自己肯定感が高く、自分が幸せでいる選択ができ、人生をどんどん好転させていくことができるのです。

青色 *Blue*

［キーワード］真面目、正直、勤勉

青色のオーラは、真面目でしっかり者の責任感がある人に表れます。仕事を任せたら、確実にきちんとこなす実直さや、誠実さを表す色です。

綿密に計画を立て、スムーズに実行しているときや、試験勉強などで毎日懸命に努力しているときにも表れやすくなります。

青色が強いと、無駄なことや非効率なことが嫌いで、合理的に進めたい気持ちが強くクールな印象を持つことも。堅実であり、安定と実績を積み重ねるという点では、ピカイチですが、真面目過ぎると自分も周りの人もストレスを溜め込んでしまいます。自分の気持ちを表現することもできるように、黄色や赤色のオーラを意識するとよいでしょう。

緑色

Green

［キーワード］ 優しさ、創造性、リラックス

緑色のオーラは、基本的には優しさの表れです。

慈悲深く、思いやりがあるタイプに表れやすい色です。子どもやペットを可愛がって大切にしたいと思うような、母性的な無償の愛情が溢れている人は、男性でも女性でも、明るい緑色のオーラを放っています。

学門や研究に熱心で、知識を高めているときにも出る色です。創造性が豊かな状態であり、頭が柔らかく、次々と新しいアイデアが生まれやすい状態でもあります。

緑色でも黄色が入った黄緑色のほうが、よい点がさらに強調されて表れやすいでしょう。

紫色 *Purple*

［キーワード］不安、緊張、悲しみ

紫色のオーラは、悩み、心配、不安、焦りなど、気持ちがネガティブに傾くと表れる色です。何かを始める前から失敗したときのことを考えて二の足を踏んだり、「でも」「だって」など、何事も否定や言い訳をする傾向が強いときは、要注意です。この色のままでいると、さらに抑うつ気分が助長され、深刻になっていきます。日常的なネガティブな感情を消す呼吸法（P108）を行って心を浄化しましょう。紫色と白色のオーラは、癒やしや浄化など霊性が高いスピリチュアルな色と言われたりしますが、私としてはどちらの色も悩みを抱えている人にこそ出やすい色と捉えています。

白色

White

［キーワード］病気、苦労、不調和

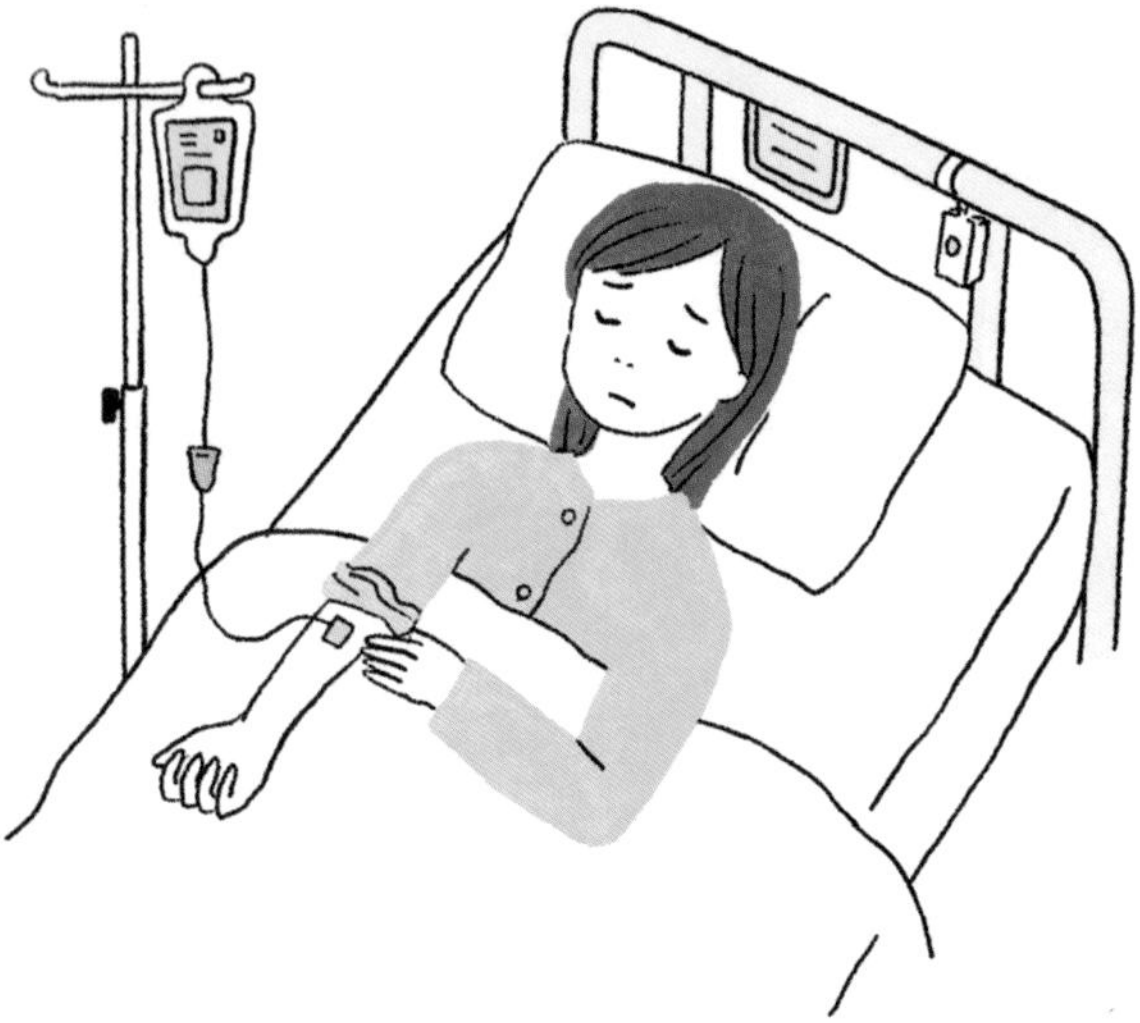

白色のオーラは、主に、体調不良や病気にまつわる色です。

実際に、風邪をひいていたり、ケガをしているときや、「病気かも」と心配しているときや、慢性的な病気を患っているときに表れやすい色です。

オーラが見えるようになると、鏡に映る自分を見て、体のどこに白いオーラがあるかで、不調の部位がわかるようになります。

紫色の状態が深刻になると、白色になるケースが多いのですが、ウツっぽさを含め、メンタルの病は、頭が白くモヤモヤと覆われているように見えたりします。精神的なストレスをあなどることなく、早めに解消していくことが大切です。

黒色 *Black*

［キーワード］死、危険、悪意

黒色のオーラは、希望のない世界、危険を表す色です。

死ぬほど苦しいことがやってくる、トラブルに巻き込まれる予兆として表れることが多いので、「お知らせ」と受け止めて、回避することが肝要です。

黒色には、悪意、復讐、邪悪、敵意といった意味もあります。表面的には物腰が柔らかく、いい人そうに見えても黒色のオーラをしている人もいますから注意しましょう。詐欺師などに多い色なのです。底意地が悪かったり、ねたみやそねみが強い人にも表れますので、そういう人からは速やかに離れましょう。

また、悪霊が憑いているような場合も黒色のオーラが表れます。

オーラの見え方

オーラの色や数、大きさ、形は刻々と変化する

私自身、オーラが見えるようになったとき、最初のうちは、相談者さんの背後に白っぽいモヤモヤが、少しずつ見え始めたとお伝えしました。それにやがて色がつき始めたのですが、見え方としては、複数の色が出ていることがほとんどです。

オーラの色の出方は、まるでオーロラのように刻々と変化します。その人の本当の思い、感情によって微妙に変化し続けるのです。ですから、オーラを読み取ることができれば、穏やかなのか、喜びに満ちているのか、落ち込んでいるのか、怒っているのかなど、現在の相手の本心が手に取るようにわかります。悩みを抱えて紫色のオーラを放ちながら鑑定にいらした人が、鑑定が終わるころには穏やかさを示す緑色のオーラを出し始めるということもよくあります。

紫がかったピンクのオーラは愛情面の苦悩の表れ

どんなふうにオーラが見えて、どんなふうに読み取ることができるか。いくつか具体例を挙げましょう。

ある40代の女性が「仕事の相談をしたい」と鑑定にいらっしゃいました。しかし、オーラを見ると、不安を表す紫色にピンクが混ざった色をしていました。ピンクは、良くも悪くも愛情に関して何か思っているときに出る色です。なので、「仕事も心配かもしれないけれど、恋愛的な問題を抱えていませんか？」と伺ったら「あります」と。

彼女は、職場で20代の既婚男性と数年お付き合いしていました。彼女は旦那さんを亡くされていて、子どもを一人で育てているシングルマザー。要は不倫関係に悩んでいたのです。

「この先、彼とどうなりたいというような、希望はありますか？」と訊くと、「わからないです」と。彼女のオーラにわずかでも黄色が出ていたら、まだ恋愛成就の可能性がありますが、ふたりの未来には希望が持てないことを本人も感じていたのでしょう。しかし相手に対して情があるため、別れる踏ん切りがつかず、四六時中、彼との関係が頭を離れなくて苦しい思いをしていたのです。

子どももいる彼女にとって、今、優先すべきは仕事運を上げること。それはわかっているようでした。しかし、不倫関係が足かせになって仕事にまい進できないでいる。そこを抜け出して気持ちを変えていくことがオーラのリセットになるとお話しして、その方法などをアドバイスさせていただきました。

悪霊は黒いオーラとして表れる

新築マンションに引っ越したばかりで、あかちゃんがいる相談者さんのお話です。あかちゃんが生まれてから、マンションを購入して移り住んだそうなのですが、それからあかちゃんの夜泣きがひどくなり、重度の睡眠障害になっているとご相談に来られました。

彼女は、白色、紫色、少し黒色のオーラをしていました。

白いオーラは本人が子どもの夜泣きで精神的に不安定になり、心身をすり減らしていることを表していました。

紫色は悩みの色であり、本人の孤独を表していました。旦那さんは仕事で忙しく、初めての育児でありながら、あかちゃんと2人だけで過ごす時間が多かったのです。

特に問題に感じたのは、黒色のオーラです。それは彼女の思考が歪んでいるとか、意地悪だから出た黒色ではなく、悪霊の黒であると直感しました。

占いや風水などからも彼女を見ていくと、「お墓」というキーワードが浮かんできたので、マンションのすぐそばにお墓はないかと訊くと、マンションの裏にいくつも並んでいると。

沖縄のお墓というのは、一般的なお墓の形式とは違い、形が特徴的です。屋根や扉があり、一軒家のような印象を与えます。そのため、墓地特有の「怖い」というイメージはあまりないかもしれませんが、れっきとしたお墓であることに変わりはありません。

マンションの地名を伺うと、そこは沖縄に古くから伝わる幽霊話で有名なところでした。

その昔話は、駄菓子屋さんにあかちゃんを抱っこした女性が毎日やってきて、「この子のために」とお菓子を買って帰るのですが、帰った後もらったはずのお金が葉っぱになる。それが何度か続いたので、店員が後をつけたらお墓に帰っていったというお話です。

「お墓の中であかちゃんを育てる女性の幽霊がいる」と、沖縄人の間では有名な幽霊話なのですが、同じように子育て中のお母さんに、その悪霊が憑いて、困らせていたのです。「これは悪霊をシャットアウトしないと相談者さんの身が危ない」と感じた私は、フーフダという霊の介入を防ぐ御札を渡したり、助言を惜しみませんでした。

しばらくして連絡を頂くと、あかちゃんの夜泣きもなくなり、落ち着いたと聞いて、非常に安心したのを覚えています。

こんなふうに黒色のオーラは悪霊である場合もあります。先祖の霊であったり味方や守護をしてくれたりする霊は白色のオーラをしています。オーラを見ることに熟練してくると、同じ白色、黒色であっても、それが病気や災いからくるものか、それとも霊からくるものか、わかるようになってきます。

昔の人は当たり前にオーラが見えていた

とはいえ、「オーラはそう簡単に見えるものではない」と思っている方もいるでしょう。

しかし、私たちの祖先をはじめとする昔の人たちには、当然のように見えていたといわれています。現代人はそれを肉眼で捉えることが難しくなってしまっただけです。そうでなければ、「オーラ」という言葉すら生まれないでしょう。言葉はその存在があってこそ生まれるものだからです。


現存する書物の中では、紀元前500年に古代ギリシャの哲学集団ピタゴラス派の書物の中に、オーラの概念が記されています。それによれば、すべての自然に浸透している生命エネルギーの発光体が人間の組織に影響を及ぼし、病気を癒やす効果もあると書かれています（バーバラ・アン・ブレナン著『光の手（上）』三村寛子／加納眞士 訳、『癒しの光（上）』王由衣 訳 河出書房新社）。

東洋では「気」や「Chi」、サンスクリットでは「プラーナ」や「シャクティ」などの言葉があるように、以前から〝生命エネルギー〟の存在は信じられています。「エネルギー＝オーラ」ですから、古くから皆「オーラ」を使ってきたのです。

私たち日本人に身近なところでは、「手当て」があります。その由来は諸説ありますが、私たちが普段から自然に行っている「手を当てる」ことによって得られる癒やし効果が原点という説があります。手を当てることでオーラの力によって相手を癒やすという手法です。レイキヒーリングやオーラソーマも同様に、相手のオーラに働きかけてバランスを整える手法です。

神様の「後光」はオーラの輝き

昔の人たちにはどんなふうにオーラが見えていたか。わかりやすい例が、宗教画に描かれる神様や天使、仏像の仏様が持つ後光です。

イエス・キリストのオーラは、数キロも先まで達していたという伝承がありますが、当時の人たちは、それを実際に見ていたから、そのままに描いたのでしょう。

宗教画家たちが特別なのではなく、もっと一般的に病気の原因などを診るために、多くの人たちがオーラを見ることができたと考えられます。

昔の人たちは、寿命が短かったことからもわかるように、現代とは比べものにならないほど、命の危険にさらされていました。衛生状態も悪く、当時の人にとっては意味不明の病気になって命を落としたり、災害がきたりすれば一瞬にしてすべてを失うことも現代とは比べものにならないほど多かったはずです。言ってしまえば、いつ死んでもおかしくないような、危機的状況と背中合わせの中を生き抜くために、動物的本能や感性が非常に発達していたのです。

徐々に医学が進歩し、生活が発展して安全性が培われていくことで、人間に本来備わっていた感性が鈍っていった。人間の脳は、とくに危険のない日常では、不要な情報はシャットダウンする省エネモードに努めます。結果、オーラを見る能力が閉じてしまったのです。

つまり、私たちの中には、オーラを見る能力が、まだ眠ったままになっています。それを使わない手はないと思いませんか？　オーラを活用すれば、自分の人生を、より発展的で幸福なものにしていくことができるのですから。

2章

オーラと願望成就

自分の「思い」がオーラとして発信され、現実をつくる

自分のオーラが見えるようになったところで、いつも紫や白など、心配が多く、病気がちなことを示すオーラばかりなのを傍観しているだけでは意味がありません。私はこの本を手にしてくださったあなたに黄色のオーラをさんさんと輝かし、ハッピーな人生を歩んでもらいたいと心底思っているのです。

黄色のオーラを持つ人は成功者や、思いがけないような幸せを手にする人が多い。そうお伝えしましたね。

「成功者は、成功して幸せだから黄色のオーラを放つことができるよ」と言いたくなる人もいるかもしれません。しかしそれはちょっと違います。オーラの色はその人の思いの反映です。黄色のオーラを発する人は、そもそも、その心や考え方がポジティブであったり、嫌なことが起きても引きずらず切り替え上手だったりと、思考が黄色のオーラを発信する在り方をしているのです。

自分が出した思いや感情が自分に返ってくるというのは、宇宙の大原則です。

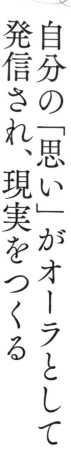

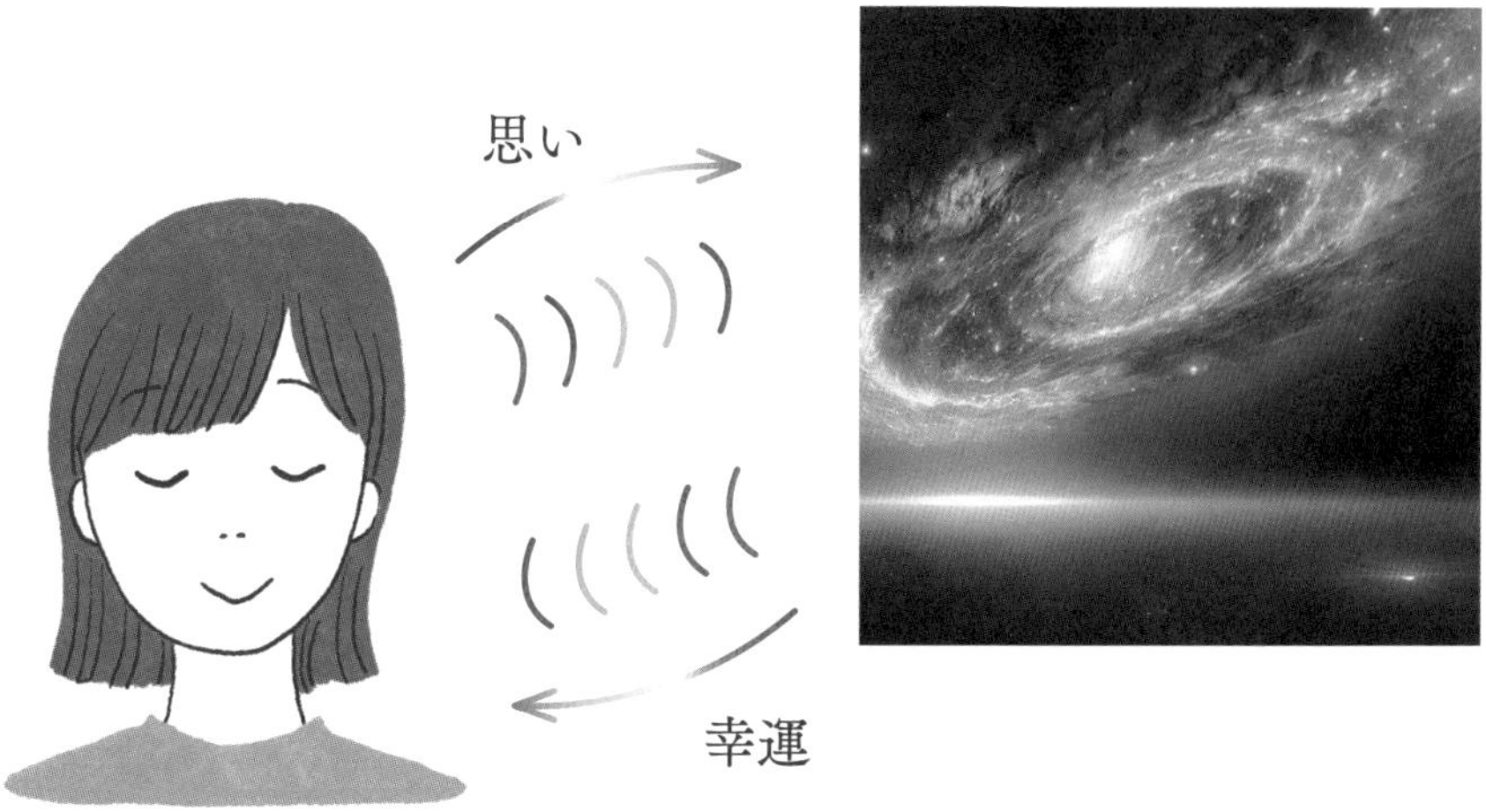

神社に行き、本殿の前で手を合わせるとき、神社の神様にお願いごとをしていると思っている人もいるかもしれません。しかし、神道における神社参拝は、拝殿の鏡に自分の姿を映して、自分の中にいる神様、内在神にお願いしているのです。つまり、自分という神様に思いを発信して、内なる神を通して宇宙へとつながり、現実化していくのです。

「宇宙に存在するすべてのものは、つねに生成し、たえず発展する。万物は日に新たであり、生成発展は自然の理法である」

こう述べたのは、松下幸之助氏です。

宇宙はつねに生成発展し続けている。人間も宇宙の一部であるならば、その方向に生きることが、命の喜びであり、発展していく素直な生き方、とも言えるでしょう。

私は、自分の思いがオーラとして発信されて、宇宙に共振して「運」として返ってくるのだと考えています。だからこそ、自分の思いや信念によって人生を変えて、クリエイトしていくことができる、となるのです。

オーラという「思い」が先、現実という「結果」は後からついてくる

多くの先覚者が、さまざまな本でこの宇宙の真実を説いています。

たとえば、世界的なベストセラー、ロンダ・バーン著『ザ・シークレット』(KADOKAWA)では、人間の思考は磁気のようなものであり、何らかの波動を発し自分と同じ波動のものを引き寄せるという「引き寄せの法則」を発表しています。

英国人作家ジェームズ・アレンが残した『「原因」と「結果」の法則』(サンマーク出版)は、デール・カーネギー(主著に『人を動かす』(創元社)など)やナポレオン・ヒル(主著に『思考は現実化する』(きこ書房)など)といった、そうそうたる人物に多大な影響を与えた一冊です。

その主張はシンプルで、「自分をとりまく環境という〝結果〟は、自分の思いという〝原因〟が作り出したものである」と。

つまり、自分の身の周りに起こる出来事や、育まれた人間関係といった環境は自分の思いこそが生み出したもの、引き寄せたものであり、決してその逆はない。マタイによる福音書(マタイ伝)にもありますが、「よい木はよい実を結び、悪い木は悪い実を結ぶ」ということで、1世紀以上ものあいだ世界中で読み継がれています。

私に言わせれば、常に、オーラという思いが先、現実という結果は後からついてきます。成功者や幸福そうな人を前にすると、とかく「結果」に目を奪われがちになります。しかし、その背後にある「原因」を見ることなく、「あの人は運がよかっただけ」「たまたま成功しただけにすぎない」といった言葉で片付けてしまうのはもったいないことなのです。

オーラの色が変われば、運命も変わる

安岡正篤師が「立命の書」と呼んだ中国古典『陰騭録《いんしつろく》』の物語には、人間が、自らの思い、意志の力で運命を転換するための知恵がちりばめられています。

高級官史になりたいと数年にわたって科挙の試験勉強を続けていた主人公の元に、ある日、不思議な老人が訪れ、その行く先を占います。すると、来年試験に合格することや、その後の人生と寿命を予言しました。主人公がそれを信じて受験したところ、試験に合格。その後の昇進や給料の金額、結婚なども老人が予言した通りになりました。

「自分の人生は決まったものだ」と半ば絶望した主人公は、ある禅師の元を訪ねた際に、なぜそれほどまでに達観しているかを聞かれ、予言とこれまでの人生の話を伝えると、ひどく叱責されてしまいました。禅師は、徳を積むことと善行によって自分の生き方は立命できる、つまり自分の望む

方向へと変えることができると伝えました。

主人公は、「自分の人生はすでに決まっている」という諦めの境地から「最善を尽くし、徳を積むことで活路を開く」という姿勢へと生き方を変えたのです。すると、諦めていた子どもを授かることができたり、望む仕事ができ、役職を手にすることもできました。

鑑定で相談者さんとお話ししていると、この主人公同様、思い込みによって自分の可能性を閉じている方がとても多いと感じます。

チャレンジする前の段階で、本当はやってみたいのに「私には絶対ムリ、できない」と思い込んでいたりすることが、あなたにはありませんか？　「オーラなんて見えない」と自分で思い込んでいるだけのこともよくあります。そんなふうに、自身の思いが人生を決めているのです。

前向きな「思い」を発することが大事

自分の思いや意思が、オーラとして発せられ、それが宇宙に共振し、自分の運として返ってくる。そうとなれば、まずは、「前向きな思い」を発することなしに、何も始まりません。

松下幸之助さんは、京都の中小企業経営者が集まった講演会で、持論の「ダム式経営」のすすめを説きました。話が終わったとき、聴衆の1人が質問をしました。

「いまダム式経営が必要だと言われましたが、松下さんのように成功されて余裕があるところではそれが可能でも、私どもにはなかなか余裕がなくて難しい。どうしたらダムがつくれるのか教えてください」

「そうですなあ、簡単には答えられませんが、やっぱり、まず大事なのはダム式経営をやろうと思うことでしょう」

つまり、「できる、できない」ではなく、まず、「こうありたい」「こうしよう」という思いを持つことこそが大事だということです。

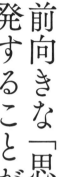

私は、現実創造についての本を読んだり、成功している方たちの講演を聞いたりする中で、これこそが幸運の正体なんだと、ストンと腑に落ちた瞬間がありました。皆、思いが現実を呼び寄せるということを、一貫して言っているのです。

人は1日6万回思考するといいます。しかし、そのうち約8割はネガティブなものであり、約9割は昨日と同じことを考えているそうです。

だったら、極力自分が前向きでよい思考を発信するよう心掛けていけば、それが幸運として返ってきます。それがオーラを黄色に変えるコツでもあります。

オーラが見えると人間関係がスムーズになる

ただ、思いや信念は目で見ることができません。表面的にはポジティブに振る舞っていても、深いところではネガティブな気持ちを抱えていることもあります。

たとえば、上司から食事に誘われて、気が進まなかったけれど、関係性を壊したくないから「ぜひ」と言って従うようなケースです。そこであなたのオーラの色を見たら、きっと紫色でしょう。「それが大人ってものでしょ」「出世のためには仕方ない」と思っているかもしれませんが、あなたの本心は、「嫌われたら立場がなくなるかも」という、潜在意識にある「恐れ」であり、それがあるがゆえの行動なのです。

もし自分のオーラの色を見ることができたら、そのような自分の本心に気づき、向き合うことができます。自分の心の中にあるネガティブな感情や恐れをきちんと認めて、さらにその感情や信念を潜在意識から消していけば、よいオーラの色へと変えていけるのです。

そうやって、自分で自分のオーラをコントロールしていくことができるようになると、誘いがきても、行きたくなければ、断ることができるようになり、それにより人間関係がギクシャクするようなこともなくなります。なぜなら、自分がもっとも心地よいと感じるオーラを発信できるようになるので、その周波数に共振した宇宙のエネルギーにより、心地よい現実がつくられるようになるからです。

周りの人たちのオーラを見ることができれば、人との関わりも当然変わってくるでしょう。

人の悩みのほとんどは人間関係と言われるように、他人との関係がストレスになっている人は多いものです。人間関係はじつにさまざまで、価値観の違いや相性もありますが、たとえば、口では親切な言葉をかけてくれたとしても、ほんとうは意地悪だったり、嫉妬心を抱いていたり、自分のメリットしか考えていなかったりする人もいるものです。そういう人のオーラは黒色が必ず混ざっています。オーラを見て、それがわかったら、あらかじめ距離を置くこともできますね。

反対に、第一印象はイマイチでも、その人のオーラを見たら黄色や緑、青などが混ざったオーラをしていて、ちょっとお話ししてみたら、優しく頼りがいがある人だったとなるようなケースもあるでしょう。そうやって日常にオーラを役立てていくことで、より幸福な人生を創造していけるのです。

思いが強いほど現実化は加速する

自分が発した思いが自分に返ってくる。その思いが現実化するまでのスピードは、その人の思いの強さになります。

たとえば、「お金持ちになって絶対に成功するぞ」という思いがまっすぐで強い人は、パワフルに黄色のオーラを発して、あっという間にその夢を叶えることができます。その思いの強さによって、早くなったり、遅くなったりするのです。

ここで気をつけてほしいのが、思いの強さに善悪は関係ないということ。

極端な例ですが、反社会的勢力に属している人であっても富と権力を手にしている人はいます。どんなことをしても、たとえ周りの人を傷つけても自分が成功すればいいという強い欲求があれば、願いを叶えることはできるのです。

ただ、そうなってしまっては本末転倒です。なぜなら、自分がしたことはカルマとなって、必ず返ってくるからです。自分が蒔いた種は自分で刈り取る。この宇宙の法則に誰一人として抗うことはできません。

そして、今世で刈り取ることができなければ、カルマは時空を超えてついて回り、必ず返ってきます。肉体は死んでも、魂は、輪廻転生を繰り返し、滅びることはないからです。

「魂は、輪廻転生の旅をしながらレベルアップを図っている」。これは、仏教の世界やシルバー・バーチ（1920年から60年間に亘り、英国人モーリス・バーバネルの肉体を借りて人生の奥義を語ってきたスピリット）も伝えていることです。

前世で人を苦しめるような悪行をした人は、輪廻転生後、その報いとして苦しい人生を送ることになります。たとえば、自分の欲望を叶えるために、人を騙したり、手柄を横取りしたり、傷つけるようなことを行えば、それは必ず自身に返ってきます。今さえよければ、自分さえよければ、「すべてよし」とはいかないのです。

ただ、その因果応報は、本人が耐えられる状態のときにやってきます。もし、今世はそれに耐えられないとなれば、今世では修行に励み、その苦行を、そのまた来世に持ち越すような場合もあります。いずれにしても、必ず自身で、自身の行いを相殺します。

思いが強いほど、現実化が早くやってくることは真実ですが、腹の底でどう思っているかがとても重要で、自分の人間性を磨いて、よい思いを強く発していくことが大事なのです。

オーラの大きさ、輝きは、魂の成長とも関係している

オーラは、その人の心を映す一方で、大きさや輝きという性質は、その人の魂の成長を表すという側面があります。

オーラが大きくて黄金色に輝いている人は、魂の霊的エネルギーが高い人でもあるのです。

京セラの稲盛和夫名誉会長の講演会に参加したときに、それを目の当たりにしました。神戸の大きなホールで開催されたのですが、私の席から10メートルほど先にいる稲盛名誉会長のオーラは鮮やかな黄色で、なんとホールの天井にまで達していました。ホールの天井までは、約20メートルの高さはあったでしょう。講演では、何千名もの方に、自分の考えを伝える必要があるために、普段よりオーラが大きくなったのかもしれませんが、それにしても神々しく、力強いパワーを感じました。

稲盛名誉会長だけではなく、いわゆる成功者といわれている方や、人望が厚く人に影響力がある人というのは、オーラが大きくて、厚み、奥行きが感じられるものです。

お金持ちで何不自由なく暮らしているような人でも、黄色いオーラではあるのですが、小さくふわっと漂っていて薄っぺらく見える人もいます。

オーラの大きさや厚み、色の濃淡の違いは、魂の成長の度合いと比例しています。

自分の心がけや心の持ち方が、魂の向上につながり、ひいてはオーラを大きく強くしていくことにもなるのです。

それは、老いも若きも関係ありません。たとえば、メジャーリーガーの大谷翔平さん。彼は野球の歴史を塗り替えるような偉業をどんどん成し遂げていますが、本人はつねに淡々としていて、自分のやるべきことを見据え、人生のすべてを野球に捧げている。オーラが見える、見えないに関係なく、彼に対してそのような印象を持つ人は多いのではないでしょうか。

私が、テレビの画面越しに彼のオーラを見ると、黄色いオーラに少し赤いオーラが入っていることが多いです。幾度となく人間に転生して立派な修行をして、魂を成長させてきたことを感じさせる、大きさ、密度、そして純粋な輝きを放っています。

将棋の藤井聡太八冠も同様で、年のわりに落ちつきがあり、人生において自分のすべきことがわかっている。彼も、たいへん大きな黄色いオーラを持っています。

お二人は年齢的には若いのですが、精神はかなり老成しているのでしょう。

反対に、年を重ねても、魂の学びがほとんど進まず、幼稚なままの人もいます。過去世を含めた、過去の思いが、今の自分のオーラをつくっているのです。

オーラを活用して魂の霊的エネルギーを向上させよう

人は死ぬと魂として天界に還ります。そして、神様からこう質問されるそうです。

「あなたは幸せでしたか？　人に親切にしましたか？　学びましたか？」

「学びましたか」というのは、「使命を果たしましたか？」と同義です。

シルバー・バーチも言っていることですが、人は生まれる前に、今回の人生のシナリオを自分で決めています。

その内容は、いいことばかりではなく、困難がつきものです。しかし、自分で決めてきた困難なので、必ず乗り越えられる設定になっています。大谷選手や藤井聡太さんは、幸福で順調な人生を送っているように見えるかもしれませんが、彼らにだって私たちがあずかり知らないところで、苦悩があるに違いありません。

今世、苦難が多い人は、前世でしっかり修行してきた、勇敢な魂の持ち主でもあります。

たとえば、障害を持って生まれてきた人たちは、人生に困難を伴うことが多いものです。ただ、その人の魂は、それに耐えられると判断して、シナリオをつくっています。そもそも人間的に弱ければ、そのようなシナリオは書けないからです。

私がこれまでいろいろな方を拝見してきて思うのは、このシナリオは、筋書き程度が書かれていて、事細かには書いていないのではないか、と。

同じ誕生日であっても、まったく違う人生を歩む人がいる。むしろ、全員違うわけで、それは一人ひとりの思いが大きく作用しているからです。自分の思いをよくして、オーラの色が変われば、たとえシナリオの筋書きが苦難の多いものであっても、よい方向へと変えていける。そう確信しています。

壁にぶつかると、「どうして私ばかり、こんな目に遭わなければいけないのか」と思うことがあるかもしれません。ただ、そこで「苦しい、苦しい」と苦しさにまみれてしまうとどうなるか。その「苦しい」という負のエネルギーをあなたは発し、その思いが強くなればなるほど、それが現化していきます。自分で自分の首を絞めているようなものなのです。

「この苦悩は神様のお試し。乗り越えられるかどうかのゲームだ」。もしそんなふうに気持ちを切り替えることができたら、その前向きなエネルギーによって、突破口が開けたりする。つまりポジティブな方向へと人生を好転させることができます。

大きな壁にぶち当たっても、自分のオーラを見て、暗いオーラのままでいることをよしとせず、積極的に感情や潜在意識を変えて明るいオーラにします。そうすることで苦難そのものも解消される流れになり、その苦難から学びを得て、霊的エネルギーも向上するでしょう。

Column

笑顔は、黄色のオーラの源

すてきな笑顔の人をみると、「幸せだから笑顔なんだと」思うかもしれません。しかし、本当のところは、「笑顔がすてきだから、幸せになっている」のです。

笑顔や笑いが私たちの心身に与える影響については、順天堂大学などをはじめ、数々の大学が研究していて、科学的にも証明されています。

笑顔になることで顔の表情筋が刺激を受け、それが脳にフィードバックされると、ポジティブな感情が生まれます。その表情筋の刺激がドーパミンやエンドルフィン、セロトニンといった快楽物質を分泌させて、幸福感ややる気が出たり、脈拍や血圧が安定してリラックスするといった効果を生みます。

医学実験では、笑うことによってがん細胞やウイルスを退治するナチュラルキラー細胞が活性化することも証明されています。さらに、脳への血流が良くなり、脳梗塞などの病気を予防することができるといわれています。たとえつくり笑顔であっても、同様の効果が認められているそうです。つまり、笑顔でいることは、ポジティブな黄色のオーラを生成すると言えるでしょう。

また、人は無意識のうちに人の顔に反応します。あかちゃんの無邪気な笑顔につられて笑顔になったことがある人は多いでしょう。それは、脳の共感細胞であるミラーニューロンの働きによって、つられて自然と笑顔になるのです。つまり、あなたが笑顔で楽しそうにしていると、周りの人もつられていい気分になる。その結果、ビジネスシーンであれば交渉や契約がスムーズに進む、といった現象が起きるようになります。

「笑う門には福来る」という諺《ことわざ》どおり、まず自分が笑顔でいる、ポジティブマインドでいることで、あなたは黄色のオーラを四方八方に放ち、幸福を呼び込むことができるのです。

3章

オーラのしくみ

オーラを構成する5つの層

オーラは、1つのエネルギーの層で構成されているのではなく、実際は5つのエネルギーの層でできています。小さな子どもは、感覚がピュアなので、人の絵を描くと、その周りを何層も色とりどりの円で囲ったりすることがありますが、きっとオーラの層が見えているのでしょう。

オーラは、人間の肉体を取り囲み浸透しているエネルギーフィールド（気の場）であり、観察や測定できるものであることは、科学的にも証明されています。たとえば、超電導量子干渉装置（スクウィッド）という超高感度装置を使って肉体を取り巻く電磁フィールドの測定ができるそうです。

また、ロシアのカザフ大学のビクトル・インニューション博士は、人間のエネルギーフィールドの実態は、イオンと自由陽子と自由電子で構成されていて、一般的な物質の状態（個体、液体、気体、プラズマ）とは異なる物質であると示唆。それは絶えず再生されながら動いており、空間に流れ出ていることを発見したとされています（『光の手（上）』バーバラ・アン・ブレナン著　三村寛子／加納眞士訳　河出書房新社）。

オーラの層は、体に近いところから、テルモ体（熱気波動）、エーテル体（磁気波動）、アストラル体（霊気波動）、メンタル体（心識波動）、コーザル体（因識波動）となります。

テルモ体とエーテル体は、低位のオーラと言い、大きくなったり、小さくなったりという変化はあまりありません。自分の体調の状態を表します。色は白です。

アストラル体、メンタル体、コーザル体は、高位のオーラと言い、自分の精神性を表します。よって、自分の思いや意志によって、色が頻繁に変わり、エネルギーを放ちます。つまり、あなたの思いを運ぶのはこの3つのオーラです。成功者は黄色の輝くような大きなオーラをしているとお伝えしましたが、大きく輝いているのも、この3つということになります。

つまり、「オーラの色を見る」というのは、この3つを見ることになるのです。

上級者になると、体内のオーラの色をキャッチして、その部位の不調を捉えることもできます。

オーラの層

チャクラとオーラの関係

オーラは、生体を取り巻くエネルギーの層であるとお伝えしました。では、そもそも体のどこから放たれているのか。

オーラの輝きの原動力になっているのは、体のセンターラインにある7つのチャクラです。

生命エネルギーは、この7つのチャクラの出入り口から取り込まれ、循環し、オーラとなって発せられます。つまり、オーラは、チャクラから出ているのです。

チャクラが正常に働いていると、人は心身ともに健全でいられ、オーラも輝きます。反対に、チャクラが滞ると、病気になったり、気持ちもすさみがちになったりと、心身に大きな影響があります。

もしチャクラが目で見えたら、働きが正常かそうでないかも、わかるかもしれません。ただ、チャクラを見ることはオーラのそれより格段に難しいと申し上げておきます。

次章から、オーラを見る方法をお伝えしますが、それがチャクラの活性化にもつながります。

「チャクラを活性化して、オーラを見やすくする」という点で、私がおすすめしているのは、瞑想です。

瞑想は、心の筋トレです。さまざまな瞑想法がありますが、ストレスになる物事や思考をうまく受け流すことができるようになり、習慣にしていると、多少のことでは動じなくなります。瞑想はメンタルトレーニングと共通する部分があります。なおかつ、心が整うということは、オーラが、そしてチャクラがともに整うということです。

瞑想には、体の緊張をほぐし、心身をリラックスさせる効果もあります。

一般的に、瞑想によってアルファ波やシータ波が増加することが知られています。アルファ波は、リラックスした状態の脳波。シータ波は、深いリラックスや集中状態をつくり出す脳波です。また、ストレスホルモンであるコルチゾールを減少させ、免疫系の強化を助けるというデータもあります（『ハーバード医学教授が教える 健康の正解』サンジブ・チョプラ／デビッド・フィンチャー著 櫻井祐子訳 ダイヤモンド社）。

また、瞑想は頭の中を整理する道具でもあります。睡眠中は、脳の中で日々の記憶の整理がなされているといわれますが、瞑想中もそのような記憶の整理が行われています。

122ページでご紹介する、イメージによる瞑想は、オーラを見る能力を高めつつ、願望も叶えられる瞑想法です。ぜひお試しください。

オーラの出入り口
7つのチャクラの解説

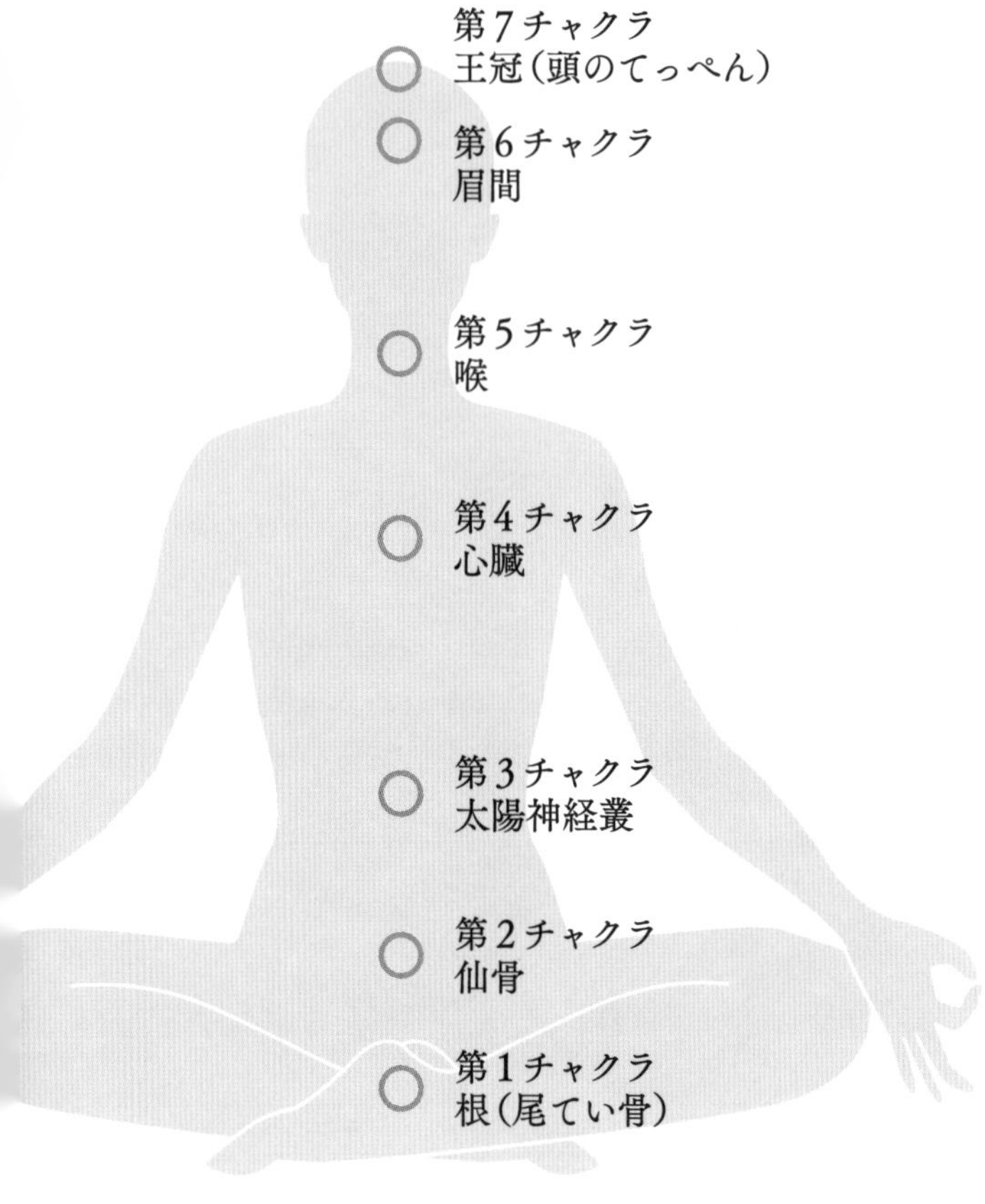

7つのチャクラにはそれぞれ意味があります。黄色などポジティブな色のオーラを持続的に維持できる人は、それぞれのチャクラの働きもよいということになります。

第1チャクラ　場所：根（尾てい骨）／地球とつながる

肛門と性器の間に位置します。生きるための基盤を司り、心身ともに安定し、地に足のついた生活を育むために欠かせないチャクラです。詰まると、不安を感じやすく、焦燥感、孤独、絶望といったネガティブな感情を抱えがちに。

第2チャクラ　場所：仙骨／創造的になる

おへそと性器の間に位置します。生きる力がみなぎり、人生を前向きに楽しむことを可能にします。詰まると、性欲ややる気を失い、自暴自棄になったり、過剰に自分を防衛するなど、外部の世界とのバランスを崩します。

第3チャクラ　場所：太陽神経叢《そう》／感情をコントロールする

胸骨とおへその間に位置します。自己肯定感が高まり、「自分らしさ」を確立することを可能にします。詰まると、自信がなくなり、意志が弱くなります。胃潰瘍、消化不良、糖尿病といった疾患にも注意して。

第4チャクラ　場所：心臓／愛情を与える

胸の中央に位置します。ハートチャクラともいわれ、他者に愛情や思いやりを持ち、共感を覚えて人と協調できるようになります。詰まると、心臓や循環器系の疾患になりやすく、他者との関わりに恐れや不安を感じやすくなり、本当の意味で他者を愛することができません。

第5チャクラ　場所：喉／コミュニケーションが上手になる

喉の辺りに位置します。自分と他人との間の障害を取り除き円滑なコミュニケーションができるほか、自己表現が豊かになります。詰まると、喉の疾患になりやすく、人とのコミュニケーション全般がうまくいかない傾向に。

第6チャクラ　場所：眉間／洞察力やひらめきが冴える

眉間に位置します。「第3の目」を司るといわれ、人生を正確に見通す、千里眼的な能力をもたらします。イメージをつかむチャクラです。詰まると、人を見る目が濁り、詐欺などで騙されやすくなります。

第7チャクラ　場所：王冠（頭のてっぺん）／高次元のエネルギーとつながる

王冠のように頭上に位置します。天からのエネルギーを取り込んで、宇宙意識と一体化させる役割があります。詰まると不安や不信がつのりやすく、自己中心的になり、鬱病などの精神疾患になりやすくなります。

4章

オーラを見るための準備エクササイズ

オーラを見るレッスン1
自分のオーラを感じてみよう

ここから、セルフでオーラを見るレッスンをしていきましょう。

まず、鏡を用意してください。鏡台や洗面所の鏡のように、自分の顔を真正面から捉え、少なくともバストアップが映るものが望ましいでしょう。

最初は、自分のオーラを感じるレッスンからです。

自分の肩の辺りに手を当ててみます。手を動かしてもよいですが、実際に触れてはいけません。

肩に何かを感じますか？

比較的多い回答は、自分の手のぬくもり、温度です。エネルギーに敏感になってくると、誰かが触れているような気配として感じられたりします。その感覚がさらに開けてくると、「なんとなく」から、しっかり触れられているような強い感覚にもなります。

私たちの周りには守護霊様などさまざまな霊体がいます。そのような存在が自分のオーラに触れたことを感じる練習にもなります。

この練習は、2人一組で行うと、よりわかりやすいものです。

気配を感じ取る側は、目をつぶります。もう1人は、どことは言わず、相手の手や腕、肩、頭などに手をかざします。いかに気配を感じられるか。その場所を感じ取ります。代わるがわるやってみましょう。

オーラを見るレッスン2

オーラのエネルギーボールをつくってみよう

次は、両手でオーラを感じ取るレッスンです。オーラのエネルギーボールをつくります。

〈やり方〉

❶ 胸の前に手を出して、手のひらを向かい合わせにする。

❷ 手のひらの間隔を広げたり、狭めたりして、エネルギーのボールをつくるイメージをする。

指や手のひらにどんな感覚がありますか？

空気の弾力のようなものを感じるかもしれません。ビリビリしたり、熱くなったり、震えたり、あるいは、冷たくなったりするかもしれません。そのような感覚があればオーラを感じ取ることができています。

オーラが見やすくなる呼吸法

正呼吸法

オーラを見るときは、自分自身が穏やかで、リラックスしていることが大切です。

しかし、総じて現代人は仕事や家庭にと忙しく、つねにスマホを握りしめ、画面をのぞき込んでいます。次から次へと新しい環境やテクノロジーへの適応を求められ、時間に追われていることがほとんどではないでしょうか。そのような状態のままで、集中力を発揮してオーラを見ようとしても、なかなか難しいものです。そこで取り入れていただきたいのが、脳の働きを鎮静化して、自分をリラックスする呼吸法です。

私はそれを、正呼吸法と呼んでいます。

呼吸は鼻から吸って口から吐きます。息を吸いながらお腹をふくらまし、吐くときに、へこまします。

できれば、それを15分ほど続けて、「自分はオーラが見える」とイメージします。すると、集中が極まって意識がトランス状態になり、オーラが見やすくなります。

たかが呼吸でそんな変化があるのか、と不思議に思う方もいるかもしれません。しかし、私たちは呼吸によって生命を維持しています。生命の源である呼吸をコントロールすることで、私たちの体にはさまざまな変化が生まれるのです。

〈やり方〉

❶ 鼻から息を吸い、お腹をふくらませる

❷ 口から息を吐き、お腹をへこます

「自分はオーラが見える」とイメージします。

★このような時は
正呼吸法をしましょう。

忙しい、不安、焦り、興奮状態、緊張、イライラ、考えがまとまらない、ストレスを感じている、何かを悩み続けている、疲れやすい、眠りが浅い、ゆっくりしたいと思う…。

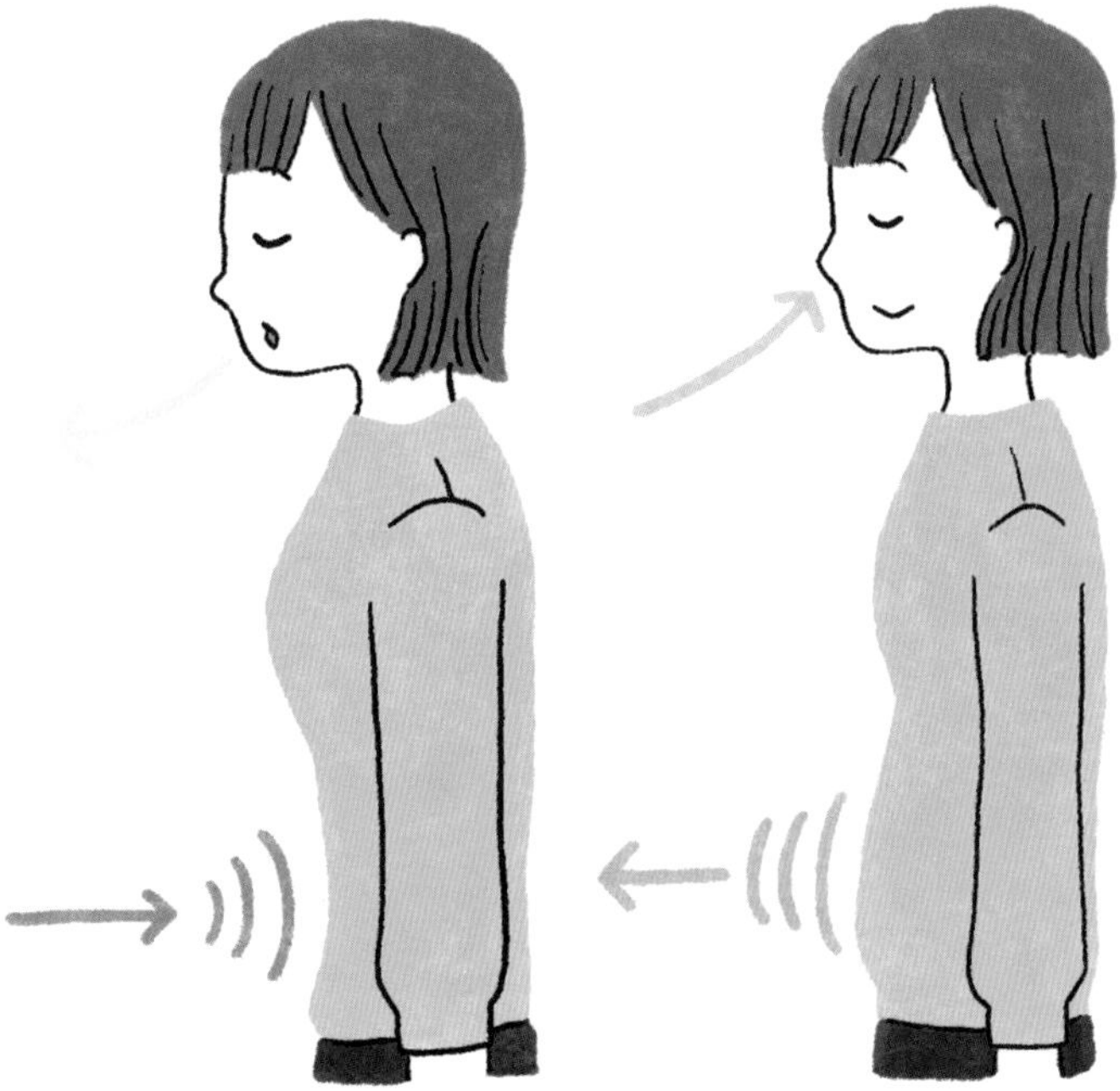

逆呼吸法

基本的には、正呼吸法をしたほうが、心が落ち着いて、オーラが見やすくなる人がほとんどです。しかしひどく落ち込んで、どうにもやる気が出ないようなときは、逆呼吸法をしたほうがよい場合もあります。胸とお腹の両方を使って呼吸をすることで、心拍数を上げて、意識的に気持ちを高ぶらせる呼吸法です。

呼吸は鼻から吸って口から吐きます。息を吸いながら胸は広げ、お腹はへこませます。息を吐きながら、胸を閉じ、お腹をふくらませます。

できれば、それを15分ほど続けて、「自分はオーラが見える」とイメージします。気持ちが高まり、頭が冴えて、オーラが見やすくなります。

正呼吸法に比べると、やや難しく感じる人もいるかもしれませんが、焦らずゆっくりやってみてください。

お腹や横隔膜がしっかりと働き、内臓をセルフマッサージしているような状態になるので、血流がよくなって、代謝が上がるメリットもあります。

さらに背骨周りの筋肉が緩んで、幸せホルモンと呼ばれるセロトニンが分泌されるといううれしい効果も期待できる呼吸法です。

〈やり方〉

❶ **鼻から息を吸い、胸を広げ、お腹はへこます**

❷ **口から息を吐き、胸を閉じ、お腹をふくらませる**

「自分はオーラが見える」とイメージします。

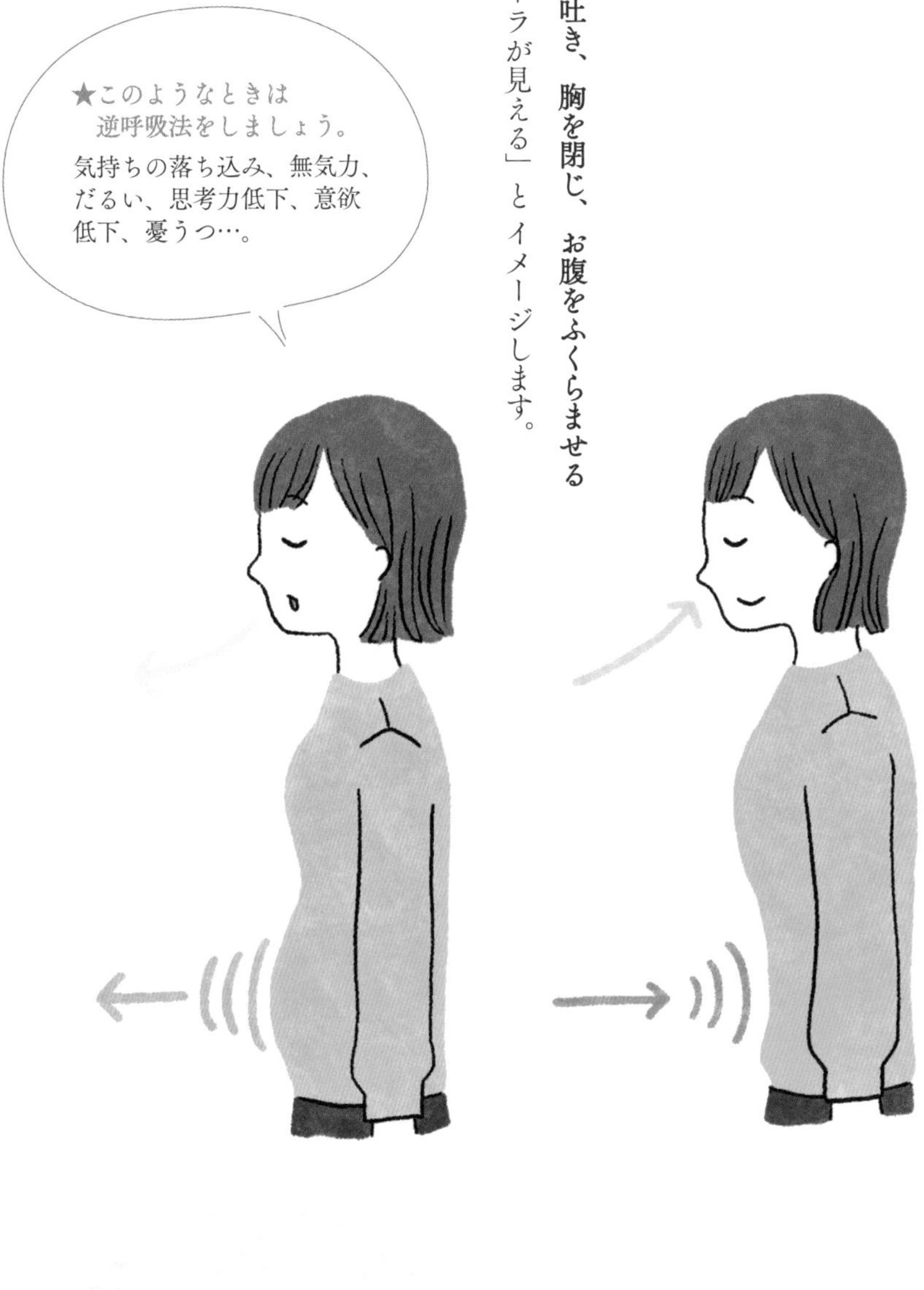
★このようなときは
逆呼吸法をしましょう。
気持ちの落ち込み、無気力、だるい、思考力低下、意欲低下、憂うつ…。

あなたはオーラを見やすいタイプ?

感受性チェックテスト

「オーラが見えるかどうか」。また、「オーラの影響を受けやすいかどうか」。その感受性は人それぞれです。次の質問に「はい」「いいえ」で直感的に答えてください。最後に「はい」の数を合計しましょう。

1 誰か特定の人のそばにいると、生気を奪われるように感じたことはありますか?

2 人から特定の色を連想することがありますか?(イメージとして)

3 誰かがじっと自分を見つめているのを感じたことがありますか?

4 初めて会った瞬間にその人物が、好きか嫌いか、相性が合う・合わないを感じたことがありますか?

5 どんなふるまいをしているかにかかわらず、その人物が心で何を感じているかわかったことがありますか?

6 実際に物音を聞いたり、姿を見たりする前に、特定の人物が現れるのがわかったことがありますか?

7 特定の音や、色や香りによって心地よくなったり、逆に不快になったりすることがありますか？

8 雷雨や暴風がくると落ち着かなくなったり、神経がピリピリしたりしますか？

9 一緒にいると、他の人よりも気持ちが高揚したり、元気になったりする人はいますか？

10 誰か特定の人の家に足を踏み入れたとき、緊張したり、いらいらしたり、あるいは怒りがこみ上げてきたりして、すぐに帰りたくなったことはありますか？　反対に、「ずっとここにいたい」と思うような家はありましたか？

11 第一印象で、本能的に誰かを無視したり拒絶したりしたことはありますか？　そして、結果的に、その印象が正しかったことはありますか？

12 人が多いところにいくと気分が悪くなったりすることはありますか？

13 自分の顔や体に、誰かがすっと触れたような感覚を覚えることはありますか？

「はい」が1つでもあれば、外部のエネルギーがあなたのオーラに影響を及ぼしています。外部のエネルギーによって自分のオーラが変化しやすいとも言えますし、感受性が高い人ほど「はい」の数が多くなる傾向があります。

また、「はい」が多くなることで、目に見えないものを見る力や、直感力の高まりを知ることもできます。折に触れてやってみてください。

5章

実践！オーラを見よう

基本　自分のオーラを見る

さあ、いよいよ自分のオーラを見ていきましょう。この方法が、基本中の基本になります。

画用紙などの黒い紙を利用します。

〈準備〉

最初に、正呼吸法（P70）をします。鼻から息を吸うと同時に、お腹をふくらませます。吐く呼吸は口から。息を吐きながらお腹をへこまします。「自分はオーラが見える」と思いながら、自分が落ち着いたと感じるまで行ってください。

〈やり方〉

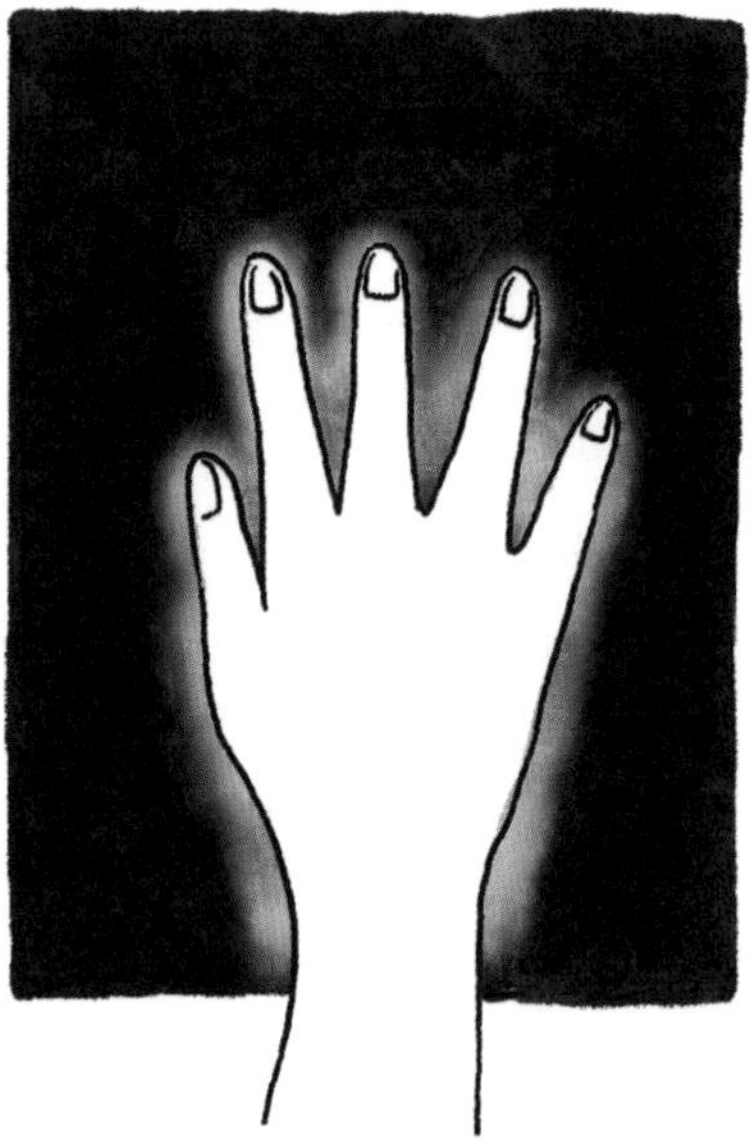

❶ 黒い紙に手をかざす

紙は机に置いても、壁に貼っても、片手で持っても構いません。紙は、腕の長さ程度、離してください。

❷ 指先の周り、指先と黒い紙の境界辺りをしばらくじっと見る

少し目を細めるようにすると見えやすくなります。何か見えますか？

見えない場合は、ふたたび、正呼吸法をしてください。

最初から色つきのオーラが見える方は少なく、体に近いテルモ体とエーテル体の白いオーラが捉えられればOKです。その2つがくっきり分かれて見えることはほとんどありませんが、指先に白いモヤモヤしたものとして表れます。

ただし、人によって見え方は異なります。手袋をしているように指先の周りを白いオーラが囲っているように見える人もいれば、指先から上に向かって光線が伸びるように見える人もいます。

同じ自分の手でも、心の状態や体調によって、オーラの出方も変わりますので、毎日観察すると面白いでしょう。白いものが見えたら、少し手を動かしてみると、オーラがふわふわと動いたり、上のほうに薄く色がついて見えたりします。この方法で、色つきのオーラが見えるまで練習すると、ほかの対象物のオーラも見やすくなります。

オーラが見えるようになる習慣1
毎朝 自分のオーラを見よう

オーラを見る能力を高める方法は、毎日、自分のオーラを見る練習をする。それにつきます。

おすすめは、毎朝、顔を洗うときに、鏡を見て自分のオーラを確認することです。

朝は、正呼吸法をしなくても、フラットな心の状態でオーラを見ることができるというメリットがあります。

前の項目で、自分の手を黒い紙にかざして見たときのように、鏡に映った自分の頭の輪郭の上辺りをじっと見ます。最初のうちは、白っぽいオーラしか見えないかもしれませんが、しだいに色がついて見えるようになるでしょう。

色つきのオーラが出る場所で、過去、現在、未来の運勢がわかる

色つきのオーラが見えるようになってきたら、自分の背後のどの辺りに、何色が出ているか、意識してみてください。

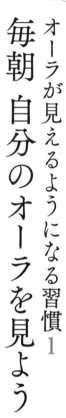

あなたから見て、左が過去、中央が現在、右が未来を表します。過去、現在、未来のスパンは、長期的な運勢ではなく、長くても1、2か月の間のことです。

※顔が鏡に映っていると想定してください。

過去、現在、未来、すべてが黄色のオーラであれば、最近のあなたは絶好調でしょう。現在や、未来がピンク色をしていたら、ステキな出会いに恵まれて、恋が始まるのかもしれません。

朝のオーラは、素のあなたの状態が表れているとも言えます。

体から約5センチ以内の白いオーラは、テルモ体やエーテル体の色ですが、それ以上離れている場所が白や紫、黒だったら注意が必要です。

過去がそれらの色で、体調を崩したり、嫌な出来事があったりしても、現在や未来が黄色や緑など、ポジティブな色であれば運勢は右肩上がりですから、問題ありません。ところが、たとえば、未来が白だったら、これから体調を崩す可能性があるとわかります。そうなれば、今から体調を十分に整えたり、健康診断を受けてみるなど現実的な対応をすることで、オーラの色が変わる可能性もあるのです。

では、紫や黒のオーラが見えたらどうしたらいいか。

オーラは、感情や意志の影響を強く受けていますから、それらを消すことが大切になってきます。次の章で対策をまとめていますので、そちらをお読みください。

いずれにしても、自分で自分のオーラを見ることができるようになれば、たとえネガティブな現象を予感させる色が出たとしても、自分次第で、大難を中難に、中難を小難にすることができるということです。

［事例1］黒いオーラは苦難のサイン

１年ほど前、30代の男性が鑑定にいらっしゃいました。持病がある方で、全体的に黒いオーラをしていましたが、今のところすごく悪いことは起こっていないと。なので、これからも気をつけるようにアドバイスさせていただきました。

しかし半年後にお会いすると、「３か月前に死にかけた」と言うではありませんか。

持病によいという水をすすめられ、大きなボトル２本を飲み干したところ、程なくして気分が悪くなり、意識が薄れる中、救急車で運ばれたそうです。意識が戻ったのは３日後のことでした。彼は、夢の中で三途の川であろう場所を渡ろうとしていたそうです。たくさんの人たちが裸であの世へ行く橋を渡っていたと。自分もその列に加わっていると、向こう岸にいた亡き祖母が、「まだ来るな。戻りなさい」と声をかけてきたところで、意識が戻ったそうです。

黒色のオーラは、死ぬほどつらいことや、最悪命を落としかねないような出来事の前触れですから、十分注意する必要があります。

セルフで行う改善策としては、正呼吸法（P70）や、強力な浄化力のある肺洗い法（P107）、日常的なネガティブな感情を溜め込まない呼吸法（P108）を習慣にするほか、健康で元気いっぱいの自分をイメージしながら眠りにつくのもよいでしょう。

オーラが見えるようになる習慣2

日中周りの人のオーラを見よう

毎日、周りの人のオーラを観察するのも、オーラを見る能力を高めるよい練習になります。

家族であれば、感情や体調がわかりやすいので、オーラとの相互関係が理解しやすいでしょう。

オーラの見方は、自分を見るときと同様です。正呼吸法（P70）をして自分を整えた後、対面し、相手の頭の輪郭の上の辺りを見ます。左が過去、中央が現在、右が未来を表します。

たとえば、子どもが学校から帰ってきて、現在のオーラのところが紫だったら、何か学校で嫌なことがあって引きずっているのかもしれません。そんなふうに、相手の心を知る手がかりにすることもできるでしょう。

家族だけでなく、通勤電車で見かける人や、仕事仲間、道行く人を観察して、「どんなオーラかな」と見ることも訓練になります。

テレビに出ている人たちのオーラを見ることも可能です。写真でもオーラを見ることができますが、その一時のオーラになりますから、ライブで動いている人のオーラを見るほうが勉強になるでしょう。

なお、身内のオーラがネガティブな色だと心配になるかもしれませんが、「何があったのかしら?」と必要以上に心配して、自分まで紫のオーラにならないようにしてください。オーラの色を変えることができるのは本人だけです。あなたの思いが現実をつくっていくのですから、あなた自身が明るく健やかな心でいることが、幸せな現実への近道であり、結果的に家族の助けにもなります。

オーラが見えるようになる習慣3
寝る前 自分のオーラを見よう

毎晩、寝る前に自分のオーラを見てから休むようにすると、翌朝のオーラを見る習慣との相乗効果が見込めて、よいエクササイズになります。

〈やり方〉

❶ **部屋を暗くして、ベッドに横たわる。正呼吸法（P70）と、日常的なネガティブな感情を消す呼吸法（P108）を行う**

この2つの呼吸法は、オーラを見るための準備としてはもちろん、その日一日にあった、不快な感情を手放し、心のお掃除をしてから休むこともできるので、一石二鳥です。

❷ **腕を暗闇に伸ばして、手のひらを天井に向ける。手の周りのオーラを確認する**

オーラを見ながら寝落ちしても構いません。

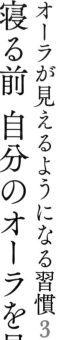

〈応用〉

願いごとがある人は、オーラを使ったイメージ瞑想をしながら眠りにつくのもおすすめです。ウトウトした寝入りばなの状態は、一種の催眠状態で、潜在意識に情報をインプットしやすくなっています。そのときに、明確な理想像を思い描くと、スムーズに潜在意識に情報がインプットされるのです。詳細は122ページをご覧ください。

オーラが見えるようになる習慣4
建物や場所のオーラを見よう

私は琉球風水を鑑定に用いていたこともあり、土地のエネルギーが人の運勢に作用しているだろうと常日頃から考えていました。

昔の風水師は、皆おそらく、家や土地のオーラ、「気」を見ることができたのでしょう。ですから、「この土地はいい」「この建物は悪い」と言い切っていたと思うのです。それをいろいろな人にわかりやすいように方位や色などで具現化したのが、学問としての風水の始まりだったと私は考えています。

どのような土地で生まれ、どのような土地で育ち、どのような土地で暮らしているか。それは私たちの人生に思いの外、大きな影響があるものです。

自宅、会社、よく訪れる場所、散歩の途中で目にする建物の数々…。オーラを見る練習としても事欠きません。

建物や場所、土地のオーラは人よりも変わりにくいので、それらを見ることができると、引っ越しをするときや、結婚式などの大切なイベンドを行う場所を選ぶときなども参考になるでしょう。

建物のオーラを見るポイント

いちばん簡単な方法は、空と建物の境を、目を細めて見ることです。

人のオーラを見るときと同じで、最初は建物の上のほうに焦点を合わせたほうが見やすいでしょう。オーラを捉えることが上手になってくると、建物全体をオーラが覆うように見えてきます。

どんなふうに見えるかというと、色つきのセロハンを被せたような感じで見えます。

空地など、建物がない土地そのもののオーラを見るときは、地面の上辺りが見やすいでしょう。

建物や土地のオーラは、もちろん黄色がもっともよいのですが、黒以外はあまり気にしなくて大丈夫です。

しかし、黒いオーラの建物は、注意が必要です。建物は、どうしても中に住んでいる人に影響が及びやすいためです。

もし自分の住んでいる家やマンションのオーラが黒かったら…と、心配になっている方もいるかもしれません。それに、誰しもすぐに引っ越しできるとは限りませんね。その場合は、まず自分を整えることが第一です。自分自身のオーラがいつもよい色を放つようにします。自分が黄金に輝くオーラをしていたら、邪気もよせつけません。

家の中に関しては、掃除と換気を心がけるようにしましょう。たとえば、気の出入り口である玄関、邪気が溜まりやすいキッチン、風呂場、トイレなどの水周りをつねに清潔に保つことはたいへん有効です。

風水の知識のある方は、邪気を払う効果のある置物などを取り入れるとなおよいでしょう。

場所のオーラを見て、本当のパワースポットを見極める

運気を上げる方法の一つに、「よい気が集まる場所へ行く」というアクションがあります。そんなパワースポットの代表格と言えば、神社ではないでしょうか。

神社というのは、風水的に見てもエネルギーが高く、古来、気がよい場所につくられています。パワースポット紹介の記事で見かけるように、金運が上がると言われている神社は、文字通り黄金色のオーラで輝いていたり、学業成就で知られる神社は、学びや名誉の意味がある緑色のオーラを放っていたりすることもあります。

ただ、すべての神社がいわゆるご利益をもたらすような、ポジティブなオーラの色を発しているかと言ったら、そうではない場所もある、というのが私の実感です。

神社が建てられた当初は確かによい気に満ちた場所だったかもしれません。しかし、神社というのは、たいがい歴史が古く、たとえば、死者の霊を祀っているなど、その歴史によっては、重たい気を持っていることもあります。霊が祀られている神社は多数あり、すべてが該当するわけではありませんが、個々の魂によって怨念は違うため、今世までそれが残っている場合もあるのです。

また、苦難に直面している人々が多く訪れる神社では、そのようなネガティブな気が残っていることもあります。そもそも神社のある場所は浄化力も高いので、悪い気も祓《はら》われ清浄な場所であるわけですが、綿々と続く願掛けの歴史から、過去に相当な苦しみを抱いた方が参拝されたのかな、と思わせるオーラを見ることがあります。

たとえば、恋愛成就で知られる神社で、紫がかったピンクのオーラが漂っていたりすることがあります。桜色のような優しいピンクは幸せな愛情を表しますが、紫がかっていると強い嫉妬や、愛が恨みや復讐心に変わったような負のエネルギーになります。

もしそのような神社で恋愛成就を願って叶えられるかと言ったら、正直疑問です。「恋愛で有名な神社に参拝したのに、何もいいことが起こらない」と、耳にすることがあります。もちろん、その理由はいくつかあると思いますが、そのように土地が持つ負のエネルギーの影響もあるかもしれません。

もしあなたが自分のオーラを見る力を鍛えれば、パワースポットを見極めることもできるようになります。自分にとってプラスになる場所を選べるようになることは、さらにオーラをパワーアップさせ、幸福が拡大することにもつながるでしょう。

［事例2］黄色のオーラで震災を乗り越えた経営者

神戸で、複数の薬局と、不動産業を営む経営者の方がいらっしゃいました。

５LDKの広い家にお住まいでしたが、子どもも独立し、夫婦２人になったので引っ越しを考えておられたのです。

実際にお宅へ足を運ぶと、家が黄色いオーラに包まれていて、非常に運気がよいのが一目瞭然でした。風水的に見ても、間取りがよく、建て替えるのはもったいない。社長の事業が好調で、家庭も円満なのは、この土地や家のおかげもあると説明したところ、そのまま住まわれることになりました。

社長は70歳になられるのですが、若々しくてエネルギッシュな方。ご本人も黄色のオーラをさんさんと放っていました。

とはいえ、阪神・淡路大震災のときは、神戸の街も大きな被害がありましたから、会社の業績も悪化したそうです。しかし、そこでへこたれず事業を立て直し、壊れたビルを再建したりとがんばったそう。お話を伺っていると、「こうしたい」というビジョンがハッキリしていて、気持ちが強く前向き。だからこそうまくいくのだな、と実感しました。

現在も、薬局の数を増やしたり、ほしかった土地を手に入れることができたりと、順風満帆でいらっしゃいます。

［事例3］黒いオーラを浄化して、恋も仕事も順風満帆に

私が主催する琉球風水講座に参加された占いと歌が好きな30代のシングルマザーの方のお話です。

はじめてお会いしたとき、彼女の頭の上から右肩にかけて黒いオーラが見えました。

頭上は現在、右側は近い将来を表します。黒色のオーラはあいにくネガティブなことの表れです。現在から未来にかけて黒っぽいということは、これから彼女には苦しみがやってくる恐れがあると読み取れます。なので、「最近、何か不安や心配事がありましたか？」と伺いました。

すると彼女は、「車を運転していた母がバイクと衝突して、相手と揉めているんです」と。

もちろん、警察に届けましたが、相手は診断書も出さず、慰謝料や病院代、仕事に行けない分の賃金など、次々と請求してきたそうなのです。

そして、母親では話がまとまらないと、娘である彼女に頻繁に電話や自宅訪問を繰り返し、脅してきました。彼女には小さな子どももいるので、とても不安が募っている様子でした。

しかし、この黒いオーラでは、事件に発展してもおかしくない。そう感じた私は、弁護士を紹介し、相談の上、自宅の引っ越しをさせました。

彼女が学んだ琉球風水講座でも、オーラを見るトレーニングをしますから、その練習もかねて、朝晩の呼吸法と、毎朝、毎晩自分のオーラを見て観察するように指導しました。

すると、1週間足らずで、黒いオーラが薄くなりはじめ、揉めていた相手からピタッと連絡がこなくなったそうなのです。それから1年以上経ちますが、一切音沙汰ナシです。

驚くことに、彼女自身の人生も、好転しはじめました。20代後半のイケメン男子とお付き合いがスタートしたのです。彼とは歌という共通の趣味があり、2人で歌のレッスンをして楽しんでいます。

仕事でもお店の店長を任され、「俄然やる気がでてきた」とのこと。

将来は、歌とダンスのスクールと占いのお店を持つという夢を持ち、目を輝かせて毎日を過ごしています。

Column

家族の気持ちとペットのオーラ

家族同然のペットたちも、当然オーラを放っています。

動物は人間ほど感情が複雑ではありませんので、オーラを見る練習相手としても、とくに初心者の方には合っています。今を生きている動物たちは、過去を後悔したり、未来を心配したりしないので、シンプルに一色のオーラを放っていることがほとんどです。

それに動物は言葉を話しませんし、体調を崩しても本能的に隠す子が多いものですね。しかし、オーラを見れば、すべてお見通しですから、体調を察することもできるというメリットがあります。

現代は、人間同様、ペットも高齢化が進んで、病気を患っている子も増えています。

白、グレー、黒のオーラというのは、体調不良の表れです。重篤な病気を患っているときのオーラは、人も動物も、真っ黒なオーラになりますから、「どうにかしてあげたい」と飼い主なら誰しも思うでしょう。

動物の医療は日々進化していますが、「どんな治療を、どこまでほどこすか」というのは、各家庭の考え方です。オーラの観点から言えば、「動物を悲しい気持ちにさせないこと」が大事だと、私は思っています。

動物は飼い主の気持ちを察するので、飼い主が落ち込んだり、暗くなったりしているとそれに影響されてしまうこともあります。動物と遊んであげたり、おいしいものを食べさせてあげたり、笑顔で接することがいちばんの薬になるのです。

飼い主さんが笑顔で話しかけたり、遊んでくれたりすると、ペットのオーラは黒っぽかったのが白になったりと、好転することはよくあります。

6章

オーラが見えないあなたへ

オーラが見えないのはなぜ？潜在意識をチェックしよう

ここまで基本的なオーラを見る方法をレクチャーしました。もし「オーラがぜんぜん見えない」となっているとしたら、あなたの深層心理をチェックしたほうがよいかもしれません。

「オーラが見たい」と口では言っても、もっと言えば、頭では「オーラが見えるはず」と思っていても、あなたの本心である潜在意識が「オーラなんて見えるわけがない」と思い込んでいたら、見ることは難しくなります。

筋肉反射テストの一つ、セルフでできるオーリングテストをご紹介します。オーリングテストで、自分の潜在意識の状態を調べることができます。

オーリングテストの活用～自分の潜在意識の状態を確認する

・力が入り、オーリングが離れないと「イエス」
・力が抜け、オーリングが離れると「ノー」

この2つを基準とします。

〈やり方〉

❶ 利き手ではないほうの親指と中指で丸い輪をつくる

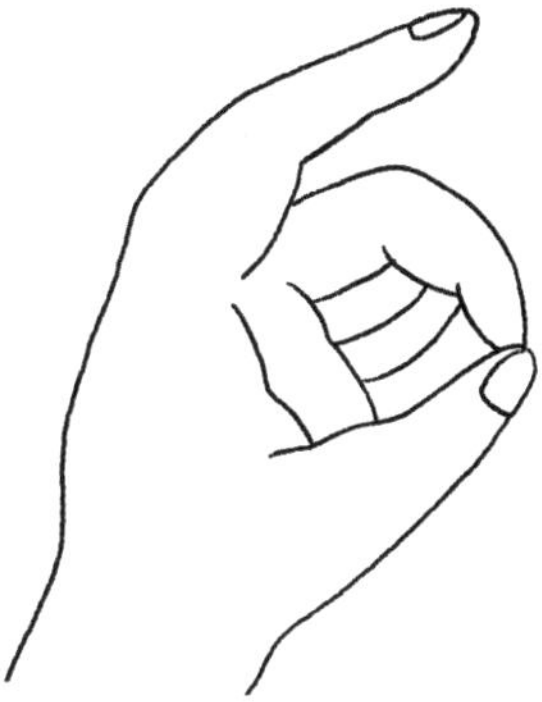

❷ 利き手で、❶の輪を開くためのセッティングをする

＊セッティング

・利き手の中指、薬指、小指を、輪の中指にかけます。

・利き手の親指と人差し指で、輪の親指を持ちます。

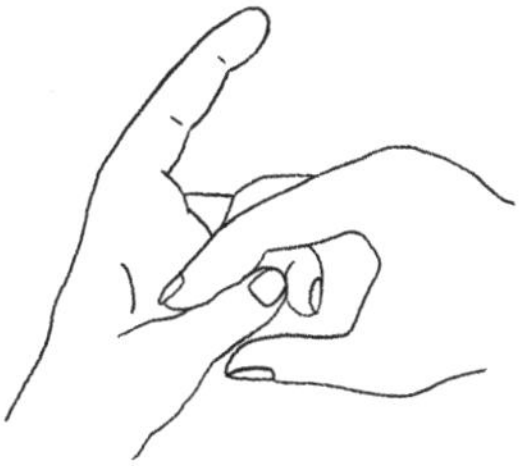

❸「私はオーラが見えます」と言ってから、中指と薬指と小指は引っ張る。逆に、人さし指と親指は押し出す

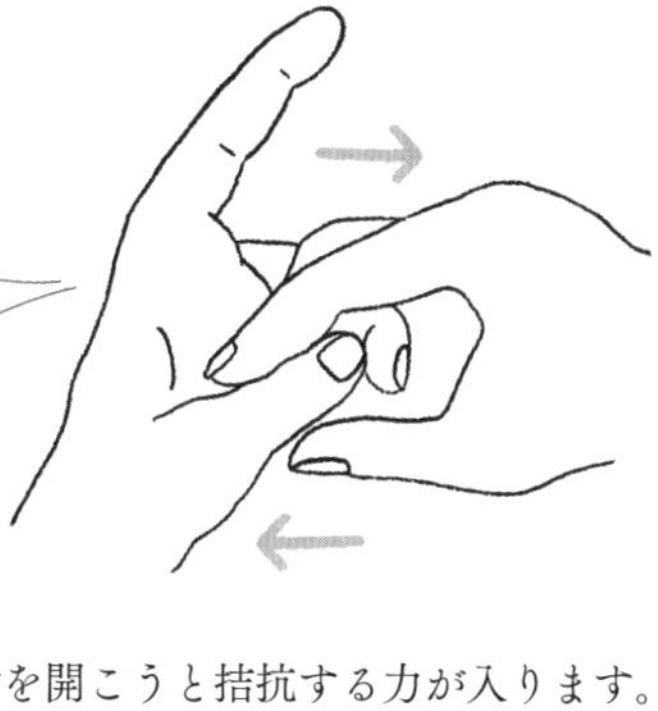

輪を開こうと拮抗する力が入ります。

輪っかが外れなかったら、あなたは「見える」と潜在意識でも思っていることになります。外れた場合は、その逆で、「オーラが見える」と思っていないとなります。潜在意識にこびりついた思いは、あなたの中で信念となっています。まずは、それを外す必要があります。

潜在意識の中の「信念」を消す呼吸法

私たちの意識には、顕在意識と潜在意識があります。

顕在意識は、「どの服を着て外出するか」「ランチに何を食べるか」というような自覚できる意識のこと。一方、潜在意識は無意識とも呼ばれ、自覚のない意識のことです。

顕在意識と潜在意識の割合は、およそ5%対95%。つまり、私たちはたった5%の意識しか認識しておらず、後は無意識が支配しています。

お伝えしたように、潜在意識には、生まれてから今までに体験したあらゆることを情報として蓄え、習慣化する働きがあります。たとえば、「目に見えないものは信じてはいけない」という考えが起こるような体験を繰り返すと、それがあなたの信念として蓄積され、無意識のうちにそれが自分にとっての常識として行動するようになるのです。

つまり、「オーラが見たい」と顕在意識では思っていても、過去に何らかの経験から、「オーラなんてあるわけがない」とか、「オーラなんて意味がない」などと思い込む経験をしていると、その経験自体を思い出せないとしても、「オーラを見ることはできない」となります。

ここでがっかりしないでください！　それは過去に記録された思考による思い込み、思い癖にすぎません。癖なので、一度で修正することは難しいかもしれませんが、変えていくことは可能です。

潜在意識の中の不要な信念を消す呼吸法をご紹介しましょう。「オーラが見えない」という思い込みだけではなく、あなたの人生に制限をつくり出し、窮屈にしているような心の深いところにある信念を手放すことができます。、たとえば、

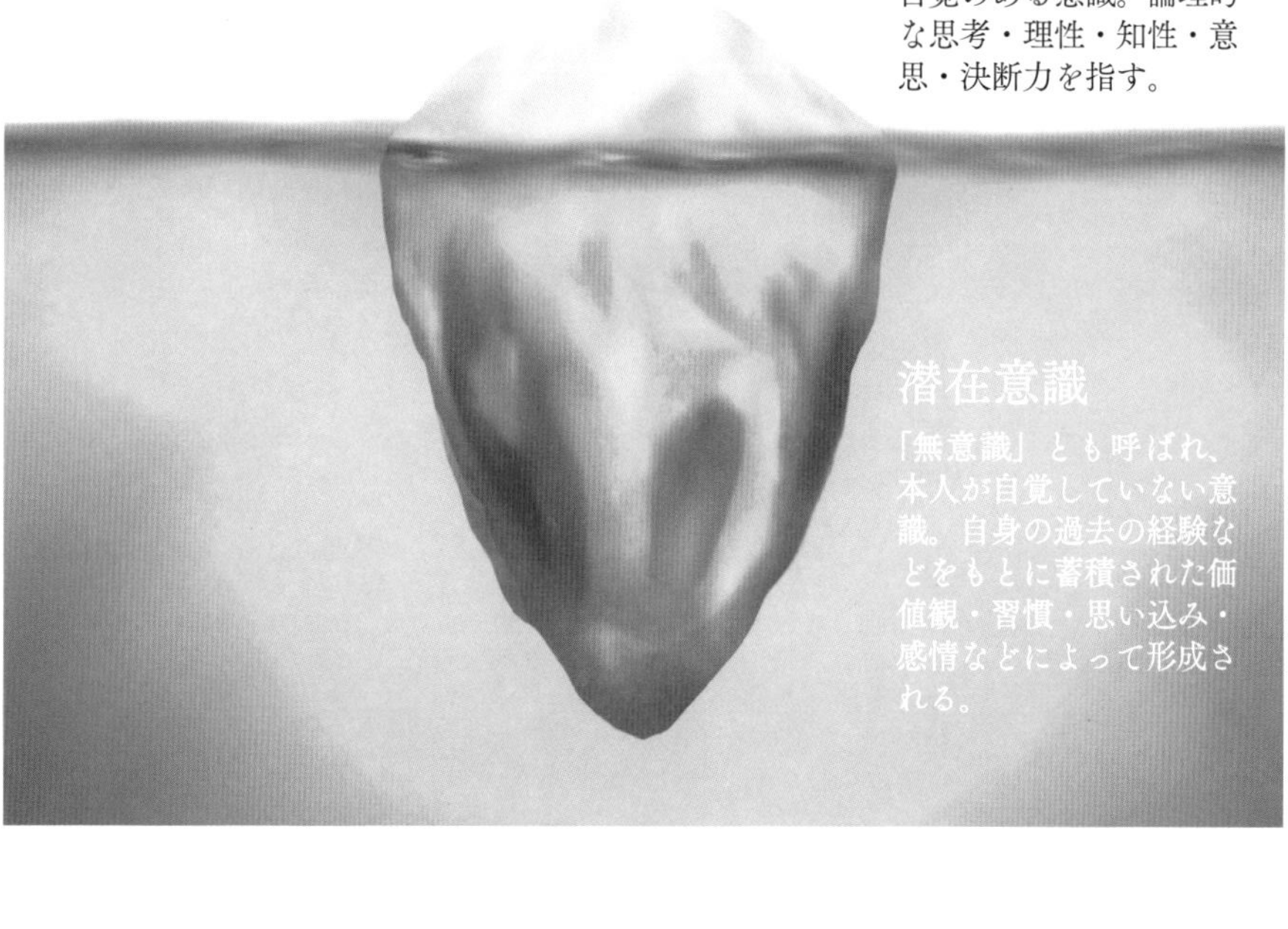
顕在意識
「表面意識」とも呼ばれ、自覚のある意識。論理的な思考・理性・知性・意思・決断力を指す。
「無意識」とも呼ばれ、本人が自覚していない意識。自身の過去の経験などをもとに蓄積された価値観・習慣・思い込み・感情などによって形成される。

「もう年だからできない」「しんどくても会社に行くべき」「成功させなければいけない」といった考え方をすることはありませんか？

「〜すべき」「〜しなければならない」という自分に「強いる」ような思考は、重たい波動なので、軽やかで前向きな黄色いオーラの性質とは、ある意味正反対です。もしあなたが、日々、黄色のオーラをまとい、楽しくごきげんで人生を歩んでいきたいなら、外しておいたほうがよいでしょう。

たとえば、私は心配症のところがあり、外出時の火の元や戸締まりのチェックが激しいところがあります。火事や空き巣といった被害にトラウマ的な恐怖感を強く持っているのです。それを自覚しているので、「外出前のチェックが激しい」と認めながら、この呼吸法をよくしています。すると、それがだんだんと和らいで、安心して出かけることができます。

〈やり方〉

例：「私はオーラが見えないと思っている」。その信念を外します。

❶ 背筋を自然に伸ばして座り、目を閉じる。頭上2メートル辺りに自分がいて、下にいる自分を見降ろすイメージをする

（横たわって行っても構いません）

❷ 自分の信念を認め、呼吸を使って指先から吐き出す

下にいる自分は、「オーラが見えない」と思っている自分です。それをありのまま認めます。「オーラが見えないと思っているね」という感じで、認めながら、鼻から大きく息を吸い、口から吐くとともに、両手の指先からもその信念が吐き出されていくイメージをします。指先がピリピリしてくる人もいます。何度か繰り返しましょう。

❸ セルフオーリングテスト（P101）をして、信念が消えたか確認する

＊ヒーリング音楽などをかけて、横になりながら瞑想的に行うのもおすすめです。

悪い「気」を体に溜め込まない

前述したように、人は1日約6万回も思考し、そのうち約8割はネガティブなことだといわれます。つまり、知らず知らずのうちに、ネガティブな方向へ考えが傾いたり、ストレスを抱え込んでいたりすることもあるのです。

オーリングテストの結果は、あいにく100%ではありませんから、輪っかが外れなくても、「オーラが見えないわ」となっている人もいるかもしれません。

人の心は非常に複雑です。疲れが溜まっていたりして、いつもは見えるオーラが見えないようなときもあります。オーリングテストをして、あなたが「見える」と思っているのなら、あきらめずに、そのままトレーニングを続けてみてください。合わせて、簡単に悪い気を追い出す呼吸法を一日の中で何度か行うとよいでしょう。ネガティブな気は体をこわばらせ、柔軟な思考を妨げてしまいます。

意識的に、悪い気を吐き、きれいな肺をキープすることは、ポジティブな色のオーラを保つためにもとても大切です。

肺洗い法
～悪い気を吐き出す浄化力の高い呼吸法

正呼吸法（P70）や、逆呼吸法（P72）の前に行うのがおすすめですが、手軽なので、ちょっと疲れたときや、休憩時間に行うのもよいでしょう。

肺の中の悪い気を一気に出すことができて活力を取り戻せます。

❶ **息を肺いっぱいに吸い込む**

口からでも鼻からでもOKです。

❷ **一気に口からフーーッと強く吐き出す**

2、3回行いましょう。

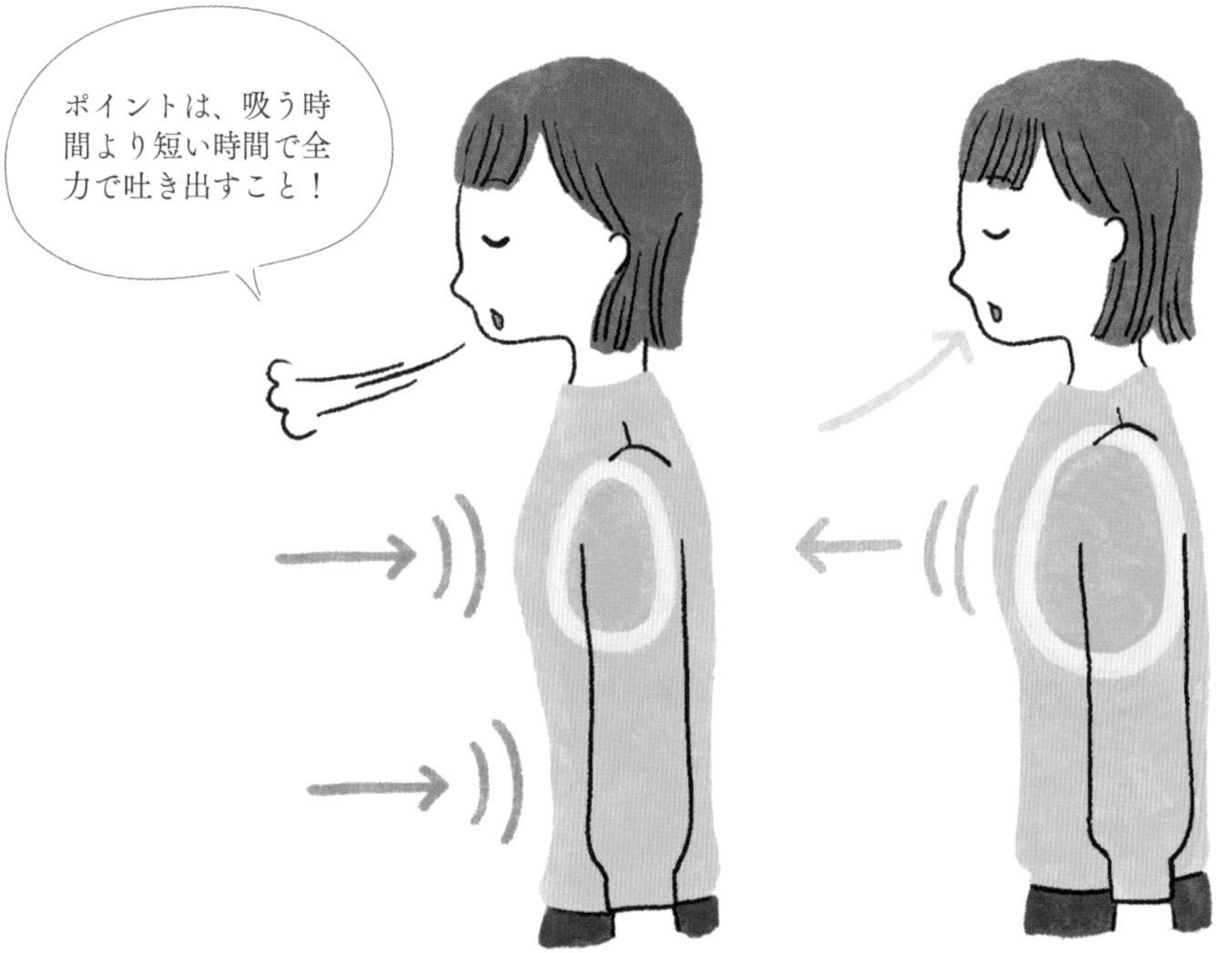
ポイントは、吸う時間より短い時間で全力で吐き出すこと！

日常的なネガティブ感情を消す呼吸法

私たちの心の中に絶えず生まれる、ポジティブな感情とネガティブな感情。誰にでも両方の感情はあるものです。とくにネガティブな感情は、その1つひとつは些細なことでも、積み重なると知らず知らずのうちにネガティブ思考にどっぷりハマっていることも…。

また、ちょっとしたことにイライラしてしまう、友達に嫉妬してしまうなど、ネガティブ感情を抱く自分が許せなくて、感情に蓋をしてしまうことはありませんか？

しかし、感情を抑えようとすればするほど、ネガティブ感情はどんどん大きくなってしまうこともあります。

心で処理できなくなったネガティブな感情は、情緒の不安定さ、体の不調、そして行動にまで影響を及ぼす場合もありますから、注意が必要です。

まずは、ネガティブな感情を抱いても、そんな自分にダメ出ししないことです。

朝起きてから寝るまで、毎日いろいろな出来事が起こり、通り過ぎていきます。楽しいことや、うれしいこともあれば、頭にきたりモヤモヤしたりして心がちょっと疲れてしまうこともありますね。まず、いろいろな思いを抱くことは自然なことであり、感情に波があることは普通のことなんだ、と受け止めてあげましょう。

さまざまなストレス発散法があると思いますが、ポイントは、〝ネガティブな感情を溜め込まない〟ことです。そういった感情は日々リセットすることが大切です。

怒り、不安、嫉妬、劣等感…。日々感じるマイナスの感情は、見て見ぬふりをせず、どんどん手放しましょう。

掃除をしない部屋には、どんどん不要な物が溜まって散らかり、空気も重たくなりますね。感情も意識的に整理することが必要なのです。

「日常的なネガティブな感情を消す呼吸法」は、105ページでご紹介した、信念やトラウマほど重たくはなく、日常的に感じるネガティブな感情を手放すのに向いています。前のページでご紹介した「肺洗い法」は、どちらかというと、肉体の浄化に向いています。こちらは潜在意識にネガティブな感情が溜まらないようにする効果も期待できますので、心配になることがあった日や、寝る前の習慣（P86）の1つに取り入れるのがおすすめです。日々ポジティブなオーラを生成する助けになるでしょう。

〈やり方〉

❶ **背筋を自然に伸ばして座り、目を閉じる。頭上2メートル辺りに自分がいて、下にいる自分を見降ろすイメージをする**

（横たわって行っても構いません）

❷ **今の自分を観察し、不要な感情をボールに集めるイメージをする**

苦しんだり、嫉妬したり、悲しんだり、不安に思ったり…。ネガティブな感情に支配されていたら、両手に感情の入るボールをイメージして、その中に不要な感情をどんどん入れていきます。ボールを持つ手がピリピ

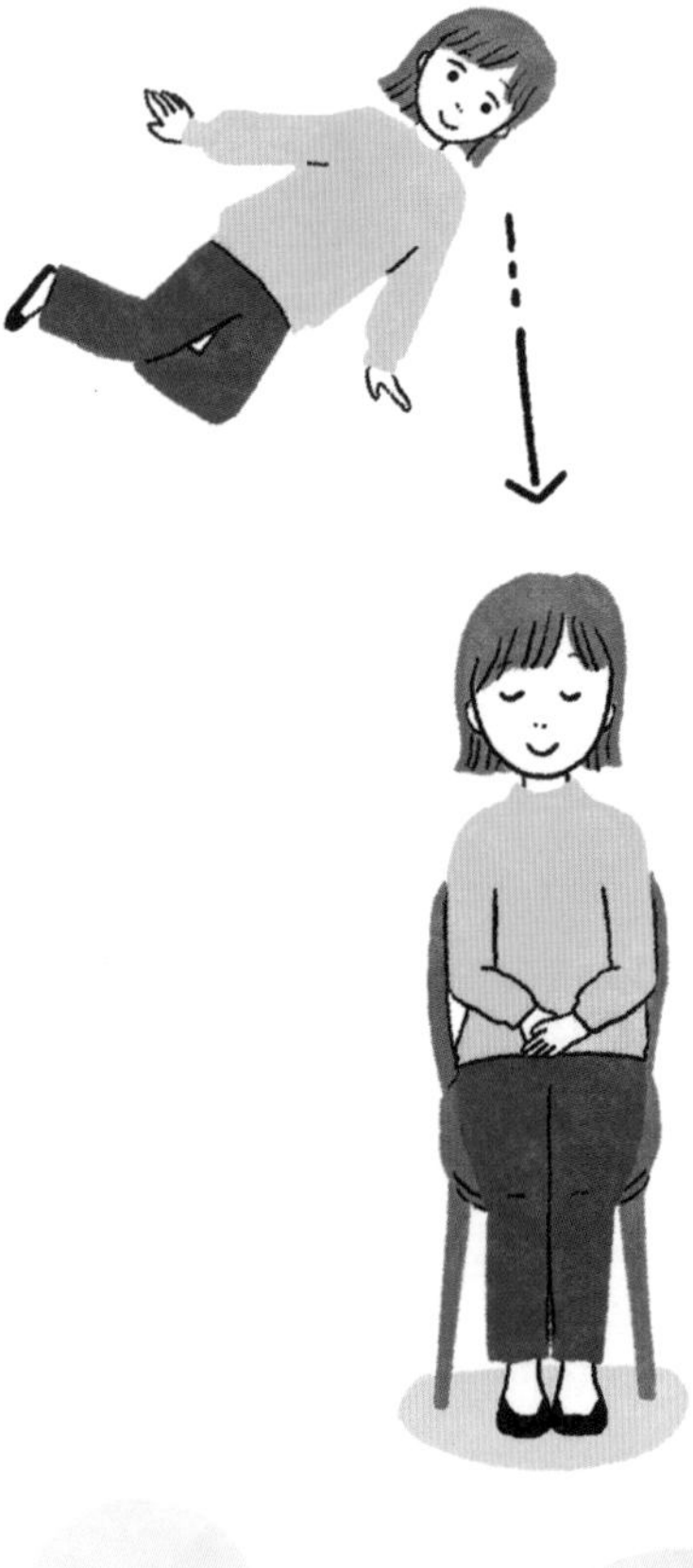

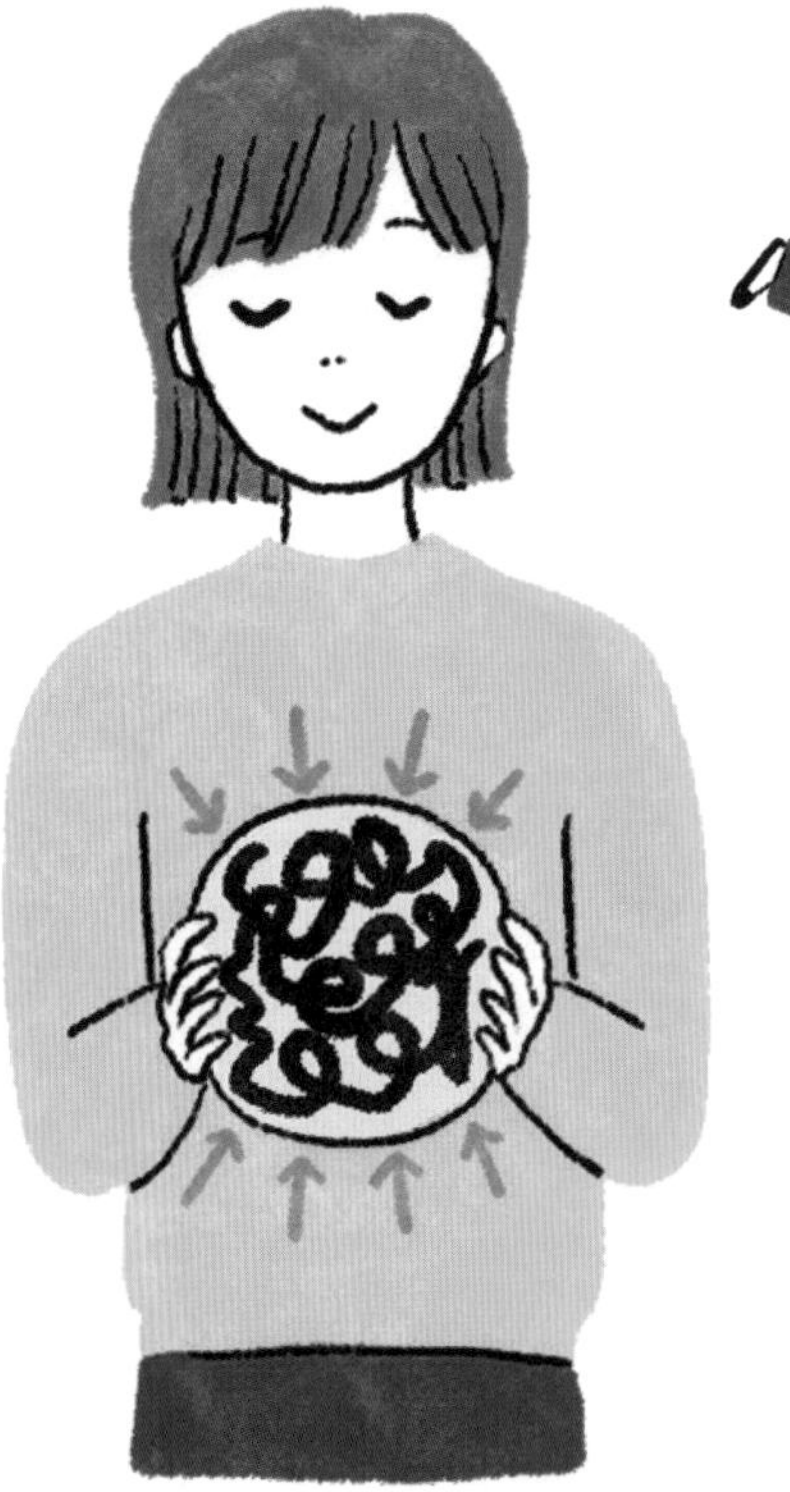

りするかもしれません。

❸ 不要な感情が入ったボールを手放す

ボールがいっぱいになったのを感じたら、正呼吸法（P70）をします（呼吸は、鼻から吸って口から吐く。息を吸いながらお腹を膨らまし、吐くときに、へこます）。

イメージで、息を吸うときにボールを胸に入れて、吐くときに背中から出します。

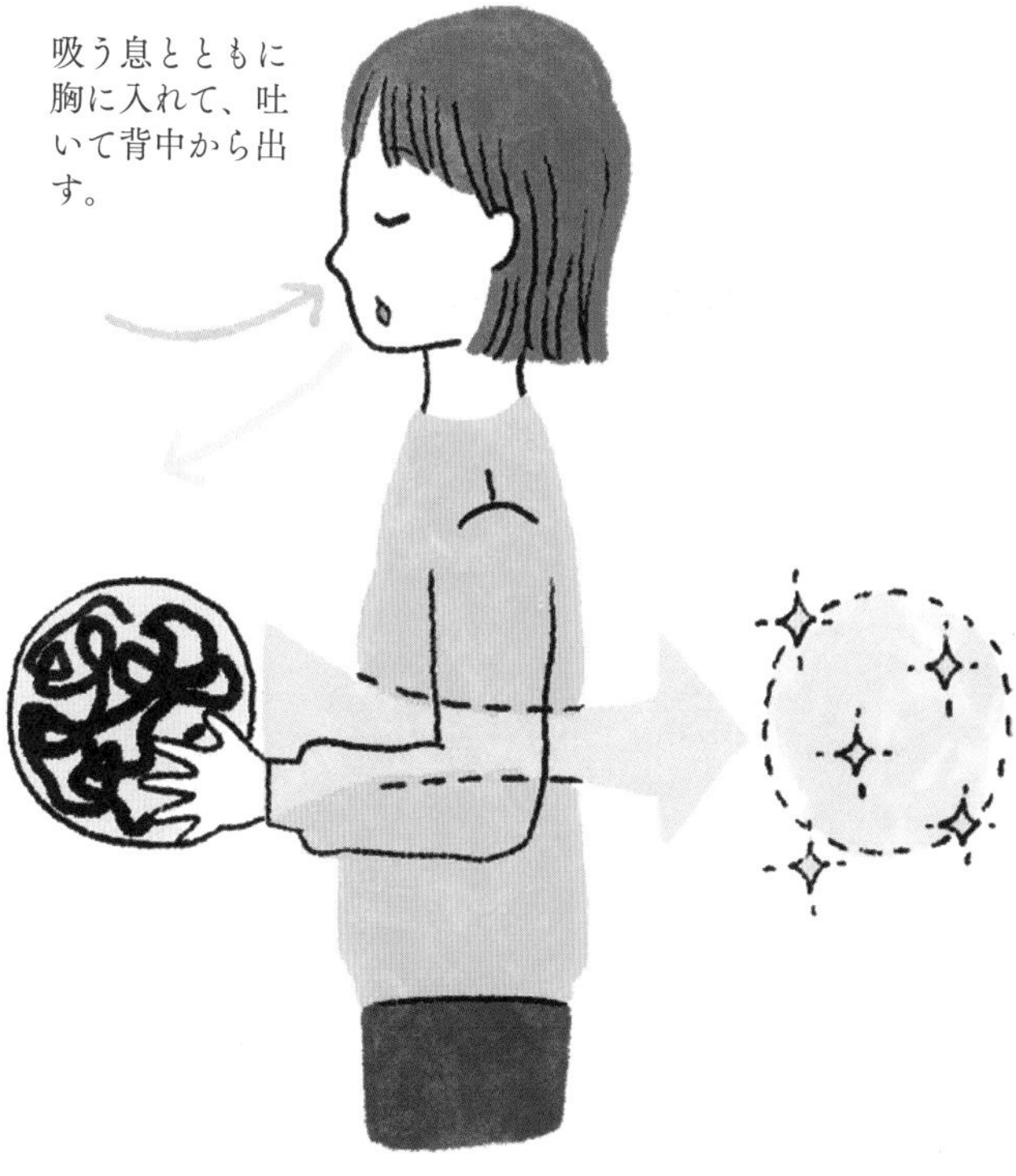
吸う息とともに胸に入れて、吐いて背中から出す。

★この呼吸法をした後、不快な感覚が呼吸前と変化がない間は、何度か❶～❸を繰り返してください。「さっきほど悲しくないな」というふうに、少しでも気分が軽くなったらOKです。この呼吸法は繰り返すほどスッキリします。「もうどうでもいいかも」と気にならなくなったら最高です。

セルフオーリングテスト（P101）で、「この不要な感情は消えましたか」とチェックしてみるのもよいでしょう。

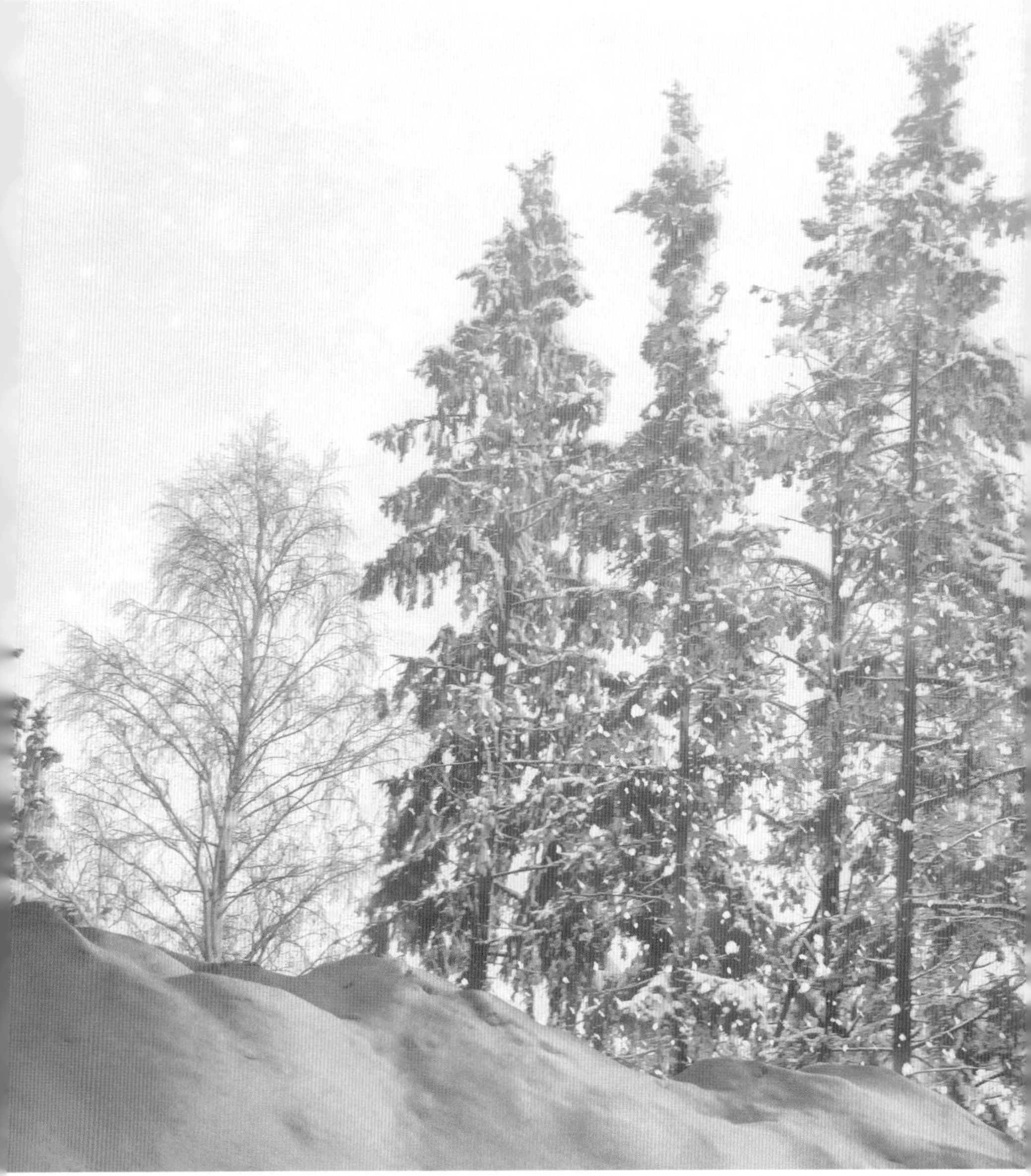

7章 オーラを使って願いを叶える方法

オーラの状態がよいほど、願いは叶う

自分の思いや信念がオーラとして放たれると、それが宇宙に共振して自分の運として返ってくる。この法則にのっとることで、自分の願いを叶えていくことも可能です。

「お店を持ちたい」「○○大学に合格したい」「お金持ちになりたい」「結婚したい」……。

自分と周りの人たちが幸せになることを願ってのことであれば、どんな願いごとでも私は叶えられるべきだと思っています。

あなたの願いを宇宙に共振させるには、エネルギーであるオーラの質と量が大切になってきます。素のあなたが持つオーラの状態が良質であり、その量が多いほど、願いは叶いやすくなるのです。思いの量、密度によって現実化していくとなれば、1、2度願っただけでは叶いません。オーラの総量が足りないからです。

たとえば、「起業したい」と言っている相談者さんがいたら、そのオーラの密度を見れば本気度がわかります。

すぐにでも実行するであろう方の場合は、そのときのオーラの密度が濃く、エネルギーの強さも感じます。起業の勉強に励んでいる姿や、起業して活躍しているようなビジョンがはっきり見えることもあります。なぜオーラが濃く、強くなるかと言ったら、いつもそのことを考えているからです。

一方、「起業したい」と思ってはいても、すぐに行動しないような人は、オーラも薄く、具体的なビジョンも見えてきません。

これは一例であり、すべて同じようにビジョンまでもが見えるわけではありませんが、何かを本気でやろうとするときには、ある程度のオーラの密度と強度が絶対的に必要なのです。

そして、思いが強い人は諦めない人、達成するまで前向きにやり続ける人だということを忘れないでください。

気をつけていただきたいのは、たとえば、願いの根っこに相手への復讐心や、ねたみ、そねみ、ひがみなどの悪心があると、それが自分に返ってくるということ。なぜなら、この宇宙には「与えたものを受け取る」という原理原則が働いているからですね。もし、そういった邪心や、自分の可能性を閉じてしまうような信念があることに気づいたら、潜在意識の中の「信念」を消す呼吸法（P102）で消してください。

どうぞよい思いや信念の状態を長く保ち、オーラを輝かして、自分が望む人生を歩んでいきましょう。

ワーク1 オーラを使って会いたい人に会いに行こう

あなたには、具体的に「この人に会ってみたい」と思う人はいますか？

尊敬する人でも、好きな芸能人でも、昔仲が良かった友達でも結構です。そういう人がいるなら、オーラを使って出会いを引き寄せてみましょう。

オーラはエネルギーですから、どんな遠隔地へ飛ばすこともできますし、エネルギーを介して人はつながっているものなのです。

これは、オーラの持つパワーに、イメージングの技法を組み合わせ、その相乗効果で、強力に願望を実現させる方法です。


〈やり方〉

❶ 肺洗い呼吸法（P107）をした後、正呼吸法（P70）をしながら、しばし瞑想します。

❷ 会いたい人をイメージしましょう。イメージはカラー映像で、具体的に見ることが大切です。
それがより現実を引き寄せるパワーになります。

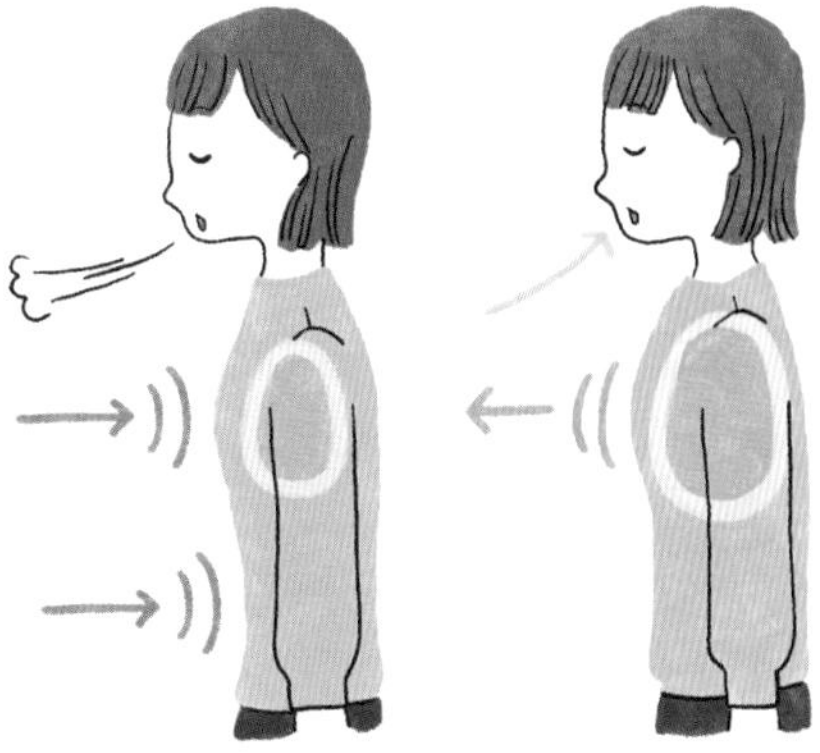

肺洗い呼吸法

息を肺いっぱいに吸い込み、
一気に吐く

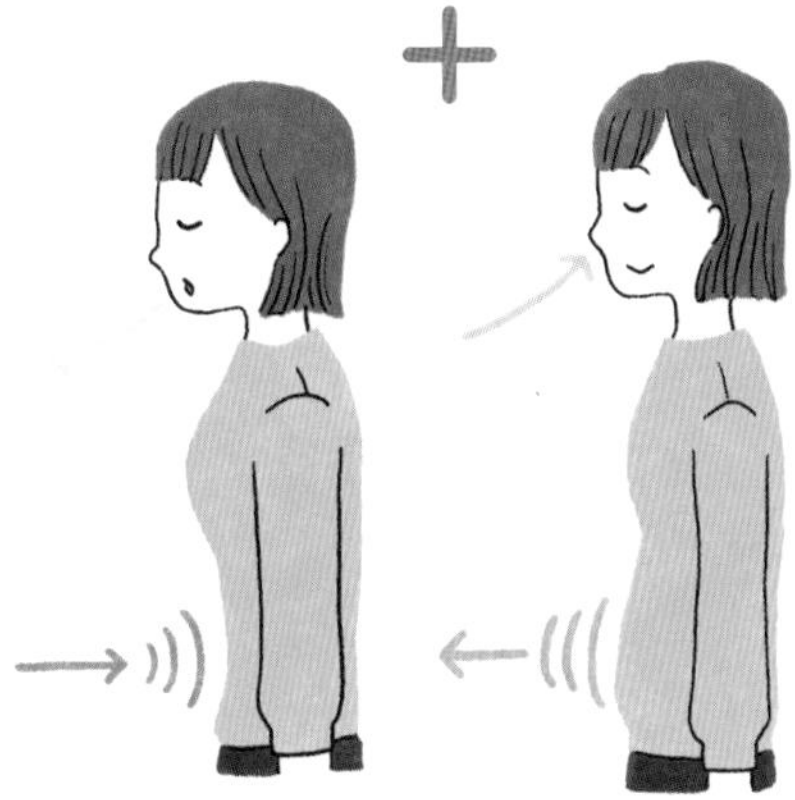

正呼吸法

鼻から息を吸い、お腹をふくらませ、口から息を吐きお腹をへこます

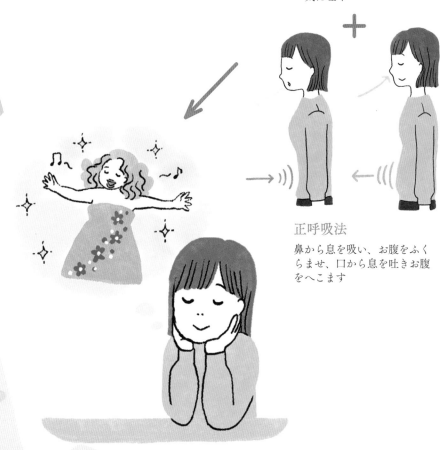

初めは、アリアリとイメージをすることが、難しいと感じるかもしれません。何度かトライしているうちに、コツがつかめるでしょう。呼吸法をする前に、会いたい人の写真や映像を観ておくのもおすすめです。

願望実現と言えば、エイブラハムやバシャールが有名ですが、願いを飛ばすために必要な時間は、17秒、68秒、15分間とさまざまです。

イメージする時間の長さは、当然、長いほうが、総量が増えます。会いたい相手をイメージして、その人と楽しくお話ししたり、遊んだりというイメージングが得意な人はあっというまに10分、15分経ってしまうかもしれません。でも、1、2分しか続かないという方は、それでも構いません。

1、2分間ほどのリラックスできる時間を1日に何度か見つけて、イメージの回数を繰り返すことでも、飛ばすオーラの量を増やしていけます。

花に定期的に水を与えて育て上げるようなつもりで、定期的にイメージすることで願望実現の〝磁力〟を育ててください。

どれくらい続けたら出会いが現実化するか。その早さは、あなたのオーラの質と、量に比例しますが、出会いは、偶然の一致や不思議な縁という形であなたに訪れるかもしれません。

あなたが内なるひらめきに導かれて行動することで、その人に出会うストーリーが展開することも多いですから、なるべく普段の生活でも積極的で前向きな意識で過ごしてください。

ワーク2
オーラを活用して未来をつくろう

オーラの色を使って、近い未来に望む現実を引き寄せてみましょう。
おさらいになりますが、色の意味を確認しておきます。

- 赤色のオーラは、何事にもまっすぐ向かっていく純粋性やシンプルさを表します。
- ピンク色のオーラは、愛情を表す色です。ハッピーな恋愛をしているときに表れます。
- 黄色のオーラは、すべてがうまくいく最強の色。調和や豊かさを表します。
- 青色のオーラは、真面目、勤勉、堅実さなど、責任感の強さを表します。
- 緑色のオーラは、基本的には優しさの表れです。また、知識や創造性を表します。
- 紫色のオーラは、悩み、心配、不安、焦りなど、ネガティブな感情を表します。
- 白色のオーラは、病気、体調不良にまつわる色です。
- 黒色のオーラは、希望のない世界、危険を表す色です。

たとえば、あなたが結婚を望んでいるとします。

正呼吸法をしながら理想の相手をイメージします。具体的に相手がいるなら、その人を。具体的な相手がいない場合は、「こういう人がいいな」と理想の相手の顔をイメージします。呼吸を続けながら、イメージのオーラをピンクで包みます。

このイメージを繰り返しやっていると、自分のオーラがピンク色になってきます。それは、毎朝自分でオーラのチェックをして確かめてください。

自分が現実にピンクのオーラを放つようになると、モテ期がやってきたようにお声がかかり始めるでしょ

正呼吸法 ← 理想の相手をイメージ

う。

理想の相手だと思っている人が現れるかもしれません。もっと素敵と思うような人が現れる場合もあります。

そこでもオーラをぜひ活用してください。自分に近寄ってきた相手のオーラを見るのです。黄色やグリーンだったら最高です。青が入っているのも真面目さがあっていいかもしれません。あなたに夢中だったら、ピンクのオーラを持っているかもしれませんね。

ただ、どんなに人当たりがよくても、黒いオーラをしていたら要注意です。何か企んでいるかもしれませんから、深入りするのは避けたほうが賢明でしょう。

近寄ってくる相手のオーラを見極める ← ピンクのオーラになって現実でモテる ←

5色のオーラ&具体的なイメージをするほど願いは早く叶う

イメージは具体的であるほど、願望成就は早くなります。寝る前に行うと非常に効果的です。寝る前にオーラを見る習慣をつけることをおすすめしましたが(P86)、オーラがうっすらでも見えるようになってきたら、イメージで願いを叶える方法もスムーズにいくはずです。

願望については、事前にメモに書き出すなどして、イメージしやすくしておくとよいでしょう。その際のポイントがあります。

願望はすでに叶ったと設定し、過去形で書くこと。たとえば、「カフェを開業できた」「コンクールで優勝した」などです。

また、具体的な数字、日付を設定すると、なおよいでしょう。たとえば、「年収3千万円を達成した」「2025年のヴァイオリンコンクールで優勝した」などです。

もし願望実現のビジョンを描きにくい場合は、関連する資料を集めてみましょう。きっとイメージを思い描く助けとなる映像があるはずです。

理想の未来をつくるオーラ・イメージング法

〈やり方〉

❶ **部屋を暗くして、ベッドに横たわる。日常的なネガティブな感情を消す呼吸法（P108）と、正呼吸法（P70）を行う**

❷ **願望を具体的にイメージする**

自分がすでにそうなった状態をありありと思い描きます。カラー映像で見てください。そのとき、願望にあったオーラのカラーで包むようにします。もっとも適したオーラの色がわからないときは、黄色のオーラに包みましょう。

❸ **そのイメージをしながら、5～15分過ごす**

寝落ちしても構いません。

イメージするオーラの色と願望の傾向

赤色

願望の例

「勝負に勝ちたい」
「行動力を上げたい」
「楽しみたい」

ピンク色

願望の例

「結婚したい」
「パートナーがほしい」
「子どもがほしい」

黄色

願望の例

「問題解決」
「金運の向上」
「豊かさに恵まれる」

青色

願望の例

「資格収得」
「学力向上」
「研究の成功」

緑色

願望の例

「家庭円満」
「人間関係に恵まれる」
「創造力が高まる」

願望が叶ったイメージをするときは、願望の傾向にあった色のオーラでイメージそのものを包むようにしてみましょう。エネルギーの密度が濃くなり、叶うスピードが上がります。

イメージングのコツとインスピレーションの活用法

1. イメージしていると、その映像の中に、見たことがない光景が出てきたり、イメージの中の相手が何か言葉を話したりと、ビジョンが勝手に展開することがあります。

たとえば、あなたが問題を抱えていたとします。黄色のオーラに包まれるイメージをしながら、問題が解決して喜ぶ自分をイメージしたとしましょう。そのときに、ふと人の顔が浮かんだり、場所の映像が浮かんだり、「ノート」などと言葉が浮かんだり、ということがあったら、それが、問題解決のヒントになることがあるのです。そういうときは、そのヒントに従って行動するのが現実を好転させる鍵になります。

2. イメージは、クリアで明るいカラー映像で見てください。たとえば、赤紫や青紫、白っぽいピンク、深緑、黄土色など、紫、白、黒が混ざったような色合いは、ネガティブな要素が入り込むため望ましくありません。

3. いくつも願望があるときは、1つずつ行ったほうが、思いは早く届けられるでしょう。

4. 現実に向き合っているうちに、もしかしたらあなたの願望も変化するかもしれません。

本当に大切な願いに気づくこともあるでしょう。その場合は、イメージを変更してもちろんかまいません。自分の素直な心に従って行動しましょう。

5．願望の実現までのプロセスには、日常でもさまざまなことが起きるでしょう。もしかしたらあなたの「人生の課題」が明らかになるような困難も起きるかもしれません。そういう場合でも、もし自分に非があるのなら素直に受け止めましょう。自分だけで処理できないなら思い切って他者の助けを借りましょう。その先にある夢の実現に焦点を当てて、諦めずに勇気をもって立ち向かっていきましょう。

＊

このイメージングは、単に願いを叶えるだけではなく、あなたの心身にもよい影響があります。ある意味、手軽な健康法です。

お腹からの呼吸をしてリラックスし、澄んだ明るい色彩をイメージし、さらに未来の楽しい希望を思い描けば、体の中では自律神経のバランスが整い、免疫機能がアップします。

そういう時間を1日に1回でも持つことは、ストレス性の病気に溢れた現代社会を生きる私たちの心身にとって、非常に有意義です。

オーラの密度と強度をさらに上げるイメージトレーニングのコツ

願望を一早く叶えたい方は、自分がほしいもの、行きたい場所、なりたい姿、叶えたい夢などを写真やイラストを使って可視化し、1日に何度も目にするようにしましょう。

「こんな家に住みたい」「こんな仕事がしたい」「スタイルがよくなりたい」など、願いはなんでも結構です。

よく目にするスマホの待ち受けや、パソコンのデスクトップに設定したり、部屋の壁や手帳などに貼ったりしてもいいですね。

五感の中でも視覚から入る情報量は圧倒的で、知覚の大部分を占めているといわれています。写真やイラストを通して、すでに叶った状態の自分をイメージすればするほど、気分が上がってハッピーなオーラを放つようになり、その高周波のエネルギーがそれと同レベルの現実を引き寄せる密度と強度を高めます。

同時に、すでに叶った状態の自分をイメージすると、そのビジョンが潜在意識に刷り込まれ、それが現実化するように無意識のうちに自分自身も動いていくのです。

実際、夢や願いが鮮明になると、モチベーションがあがり、日々の生活にも張り合いが出ると想像がつきますよね。

1つ、注意していただきたいこととして、願望成就に取り組んでいるときだけに限りませんが、よいオーラを日々保つためには、不安を誘うような報道や情報からは距離を置きましょう。何となく目にした不穏なニュースも潜在意識には蓄積されていきます。楽しいことや夢中になれることに意識的に目を向けることも大切です。

ワーク3
オーラを使って前世や来世を見る

オーラは自分の想念のエネルギーです。自分の思いが自分という魂の人生をつくっていて、その魂は輪廻転生をしながら、生き続けているとなると、今の自分はオーラによってつくられ、前世や、来世ともつながっていると言えます。

エネルギーであるオーラは時空間をも超えるものなのです。実は、眠っている間に見る夢は自分のエネルギー、つまりオーラが時空を超えて映し出している想念の一部です。

夢は、解明できていないことが多い現象ではありますが、夢で体験したことが現実で起きる「予知夢」という現象を体験したことがある人もいるでしょう。予知夢は、「正夢」や「デジャブ」という言葉でも表現されます。

街中で旧友とばったり会う夢を見たその日、友人から久しぶりに連絡が来た、天災を予測したなんて経験をしたことがある人も多いのではないでしょうか。

寝る前に、日常的なネガティブな感情を消す呼吸法（P108）と、正呼吸法（P70）をして心を鎮静化した後、「自分の前世を見る」。もしくは、「自分の来世を見る」と意図して眠りにつくと、時空を超えてその時代の自分になっている夢を見ることができたりもします。意図するだけで、前世や来世が見れるなんて信じられないという方もいるかもしれませんが、意図の力をあなどってはいけません。意図というと難しく思うかもしれませんが、「〇〇する」と決めればOKです。意図には、エネルギーに従うという性質があります。あなたが意識を向けた先にエネルギーは向かい、それを現象化するので、前世や来世を体験することができるのです。

私の場合は、前世において中国に住んでいた時代があったようです。その後、中国へ旅をしたとき、得も言われぬ懐かしい気持ちになり、夢で見たものや感じたことが思い出され、デジャブを体験しました。

来世は、現在と同様、沖縄に住んでいるようです。夢の中で、自分のひ孫の世代を見に行ったところ、沖縄の青い空は変わりませんが、未来都市のように発展した街になっていました。

前世や来世を見るコツは、ウトウトしている寝入りばなや、起きる寸前で頭がもうろうとしているとき、二度寝が許されるならそういうときを狙って、「前世に行く」「来世に行く」とやってみてください。半眠半覚状態は、人体に近いテルモ体やエーテル体がまだ抑えられているので、アストラル体が浮遊し、次元を超えやすく、前世や来世に自分を導きます。

ワーク４
オーラによる手当て療法

他者に手をかざし、オーラを当てることで、相手の心身の健康を改善する手法があります。イメージを使えば、遠隔で送りたい相手にオーラを届けることもできます。

体を癒やすときと、心を癒やすときとでは、それぞれ異なる呼吸法を使いますので、注意してください。

（レイキの正式な伝授を受けている方は、お持ちのレイキのシンボルと組み合わせて使うと、効果がさらに上がるようです）

人の「体」を癒やすオーラ手当て療法

肺洗い法（Ｐ１０７）と正呼吸法（Ｐ70）をした後、体の痛みを感じるところに手をかざすと、手からマイナスオーラが出ます。それが、相手のプラスオーラを引き出して、癒やされていきます。

〈やり方〉

❶ **肺洗い法（P107）を行う**

息を肺いっぱいに吸い込みます（口からでも鼻からでもOKです）。一気に口からフーーッと強く吐き出します。＊ポイントは、吸う時間より短い時間で全力で吐き出すこと。2、3回行いましょう。

❷ **正呼吸法（P70）を行う**

鼻から息を吸い、お腹をふくらませます。口から息を吐き、お腹をへこませます」これを15分ほど繰り返します。

❸ **相手の体に手をかざす**

手から発せられたマイナスオーラにより
相手のプラスオーラが引き出される。

人の「心」を癒やすオーラ手当て療法

オーラを使って人の心を癒すこともできます。

人の心を癒やす際は、クンバカ呼吸法というヨガの呼吸法を使います。

やり方は流派によって違いがありますが、「クンバカ」は、息を止めることを意味し、「止息法」とも呼ばれています。


〈やり方〉

❶ **鼻から一度、息を吐き切る**

❷ **鼻からゆっくりと息を吸う**
この際、胸を広げて、お腹はへこます。

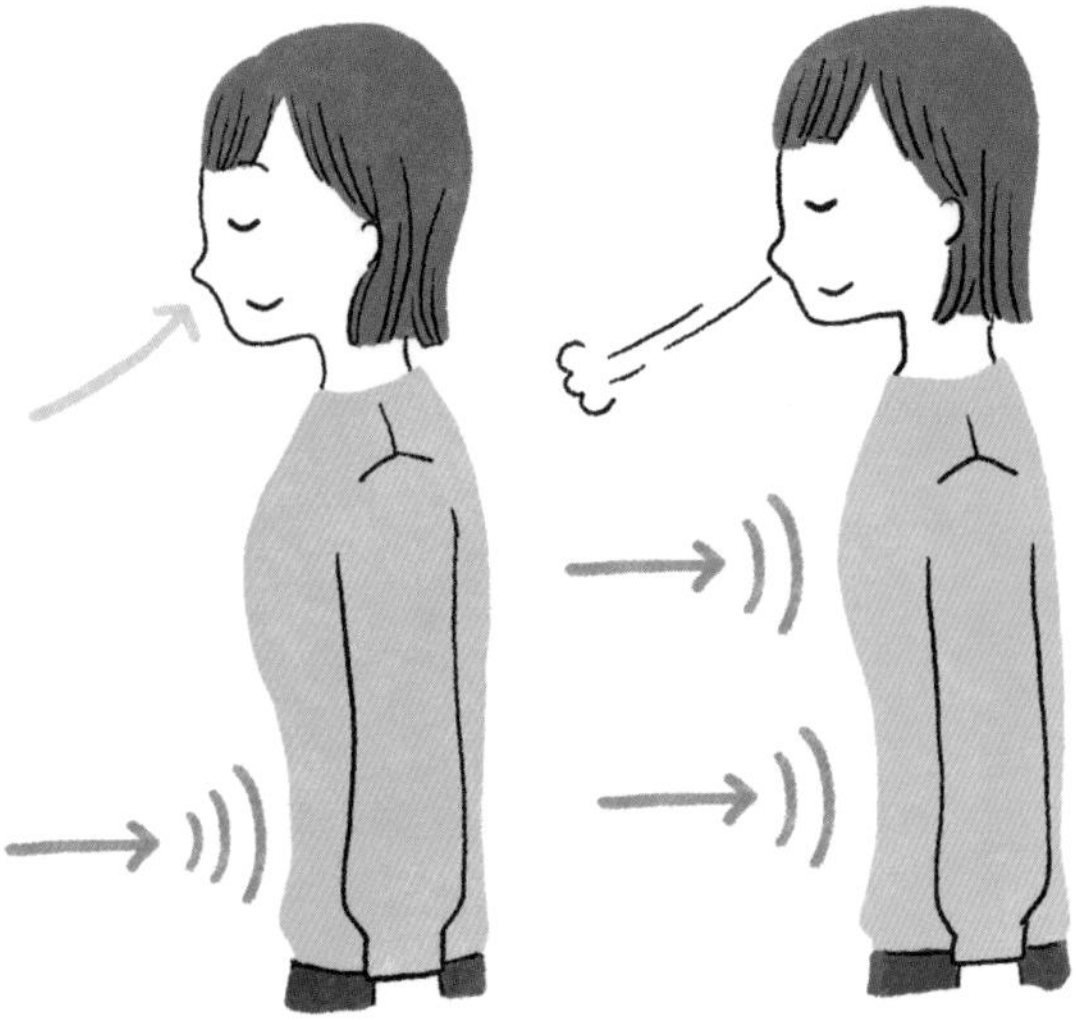

③ 胸いっぱいに息を吸ったら、5〜10秒程度、無理のない範囲で息を溜める

肩や背中の力を抜き、リラックスすることを意識しましょう。

④ 少しずつ息を吐きながら、そのときに、相手の頭のほうに手をかざす

手からプラスのオーラが出て、相手の中にあるマイナスのオーラと相殺され、相手が癒やされていきます。

とくに、相手の心のネガティブな面を癒やす効果があります。

おわりに

最後までお読みくださりありがとうございます。

オーラを活用することは、だれもが本来もっている能力です。
宇宙にはエネルギー体としての神がいます。
私たち人間の中にはその神とつながる、内なる神がいます。
ということは、人間は本来、誰しも神であるのです。

自分が神であるのなら、なんでもできる、叶えられると思いませんか。
私たちは、自分の思い次第で、自分の人生を自由に楽しく創り上げることができます。
オーラは、きっとそのお役に立つことでしょう。
自分自身の中にある神聖さ、神の一部が存在することに気づき、
オーラを輝かせ、自分の能力を余すところなく発揮してください。
それは、神としての進化でもあります。
私自身も、一層、励んでいきたいと思っています。

Profile

島袋 政治（しまぶくろ まさはる）

1961年7月生まれ、沖縄県那覇市出身。

名城大学理工学部建築学科卒。株式会社かなえ代表取締役、琉球風水建築設計事務所代表。三木照山推命学四柱推命鑑定士免許。レイモンドロー風水応用課程修了。建築士・琉球風水鑑定士。

現在まで鑑定歴30年、累計5万人の人々を鑑定。個人の鑑定や病院、企業のコンサルタントとして指導も行う。

ラックマスター養成講座、フライングスター風水講座、各種占い講座開催。六壬神課・ナチュラルネーチャー・手相・易占・オーラ鑑定・名相・九星気学（方位学）琉球風水&フライングスタ ー風水を中心に鑑定や、全国にて講師として活躍中。

株式会社かなえ
https://n-kanae.com/

琉球風水建築設計事務所
https://ryukyufengshui.jimdofree.com/

Publishing Agent
山本 時嗣（株式会社ダーナ）

編集・構成　林 美穂
イラスト　木波本 陽子
校閲　野崎 清春
デザイン　中山詳子

オーラが見えるようになって
運をコントロールする方法

2024年4月30日　第1版第1刷発行

著者　島袋　政治
発行者　大森　浩司
発行所　株式会社ヴォイス 出版事業部
〒106-0031
東京都港区西麻布3-24-17広瀬ビル
TEL:03-5474-5777（代表）
FAX:03-5411-1939
www.voice-inc.co.jp
印刷・製本　株式会社シナノパブリッシングプレス

ISBN978-4-89976-565-3 C0011